\알려줘/
대구·울산
위인!

① 우리 고장 위인 찾기

알려 줘 대구·울산 위인!

1판 1쇄 발행 2017년 11월 30일 | **1판 5쇄 발행** 2025년 1월 10일

글 김은빈 | **그림** 윤정미 조윤주
펴낸이 권준구 | **펴낸곳** (주)지학사
편집장 김지영 | **편집** 박보영 이지연 | **디자인** 이혜리
마케팅 송성만 손정빈 윤술옥 이채영 | **제작** 김현정 이진형 강석준 오지형
등록 2010년 1월 29일(제313-2010-24호) | **주소** 서울시 마포구 신촌로6길 5
전화 02.330.5263 | **팩스** 02.3141.4488 | **이메일** arbolbooks@jihak.co.kr
ISBN 979-11-6204-009-6 74990
ISBN 979-11-6204-005-8 74990(세트)
잘못된 책은 구입하신 곳에서 바꿔 드립니다.

 제조국 대한민국　**사용연령** 8세 이상
KC마크는 이 제품이 공통안전기준에 적합하였음을 의미합니다.

 아르볼은 '나무'를 뜻하는 스페인어. 어린이들의 마음에 담긴 씨앗을 알찬 열매로 맺게 하는 나무가 되겠습니다.

홈페이지 www.jihak.co.kr/arbol | **포스트** post.naver.com/arbolbooks

④ 우리 고장 위인 찾기

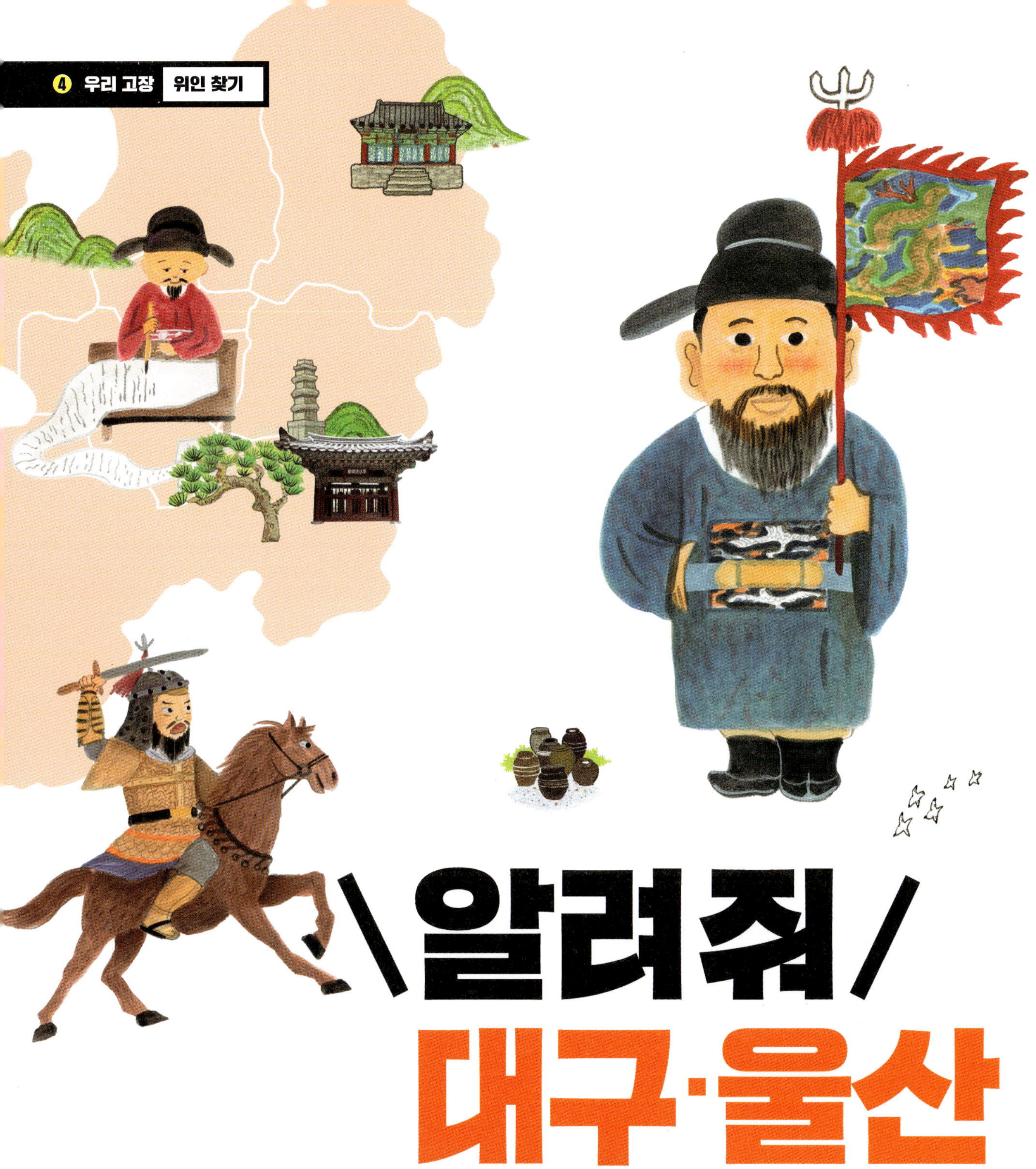

알려 줘 대구·울산 위인!

글 김은빈 | 그림 윤정미 조윤주

 지학사아르볼

펴냄 글

사회 공부의 첫걸음은
《우리 고장 위인 찾기》와 함께

이제 막 3학년이 된 아이들에게 '사회'란 매우 낯설고 어려운 개념일 거예요. 처음 만나는 사회, 쉽고 재미있게 배울 수 있는 방법이 없을까?

《우리 고장 위인 찾기》 시리즈는 초등학교 사회 교과서의 첫 내용인 '우리 고장'을 통해 사회의 개념과 의미를 깨닫도록 만들었습니다. 고장의 위인과 함께 옛이야기, 문화유산, 지역 정보를 풍부하게 담았지요. 이 책과 함께라면 우리 고장을 더 잘 이해하고 사랑하게 되는 것은 물론, 역사와 지리에 관한 지식까지 쌓을 수 있을 거예요. 초등학교 사회, 《우리 고장 위인 찾기》로 시작해 보세요.

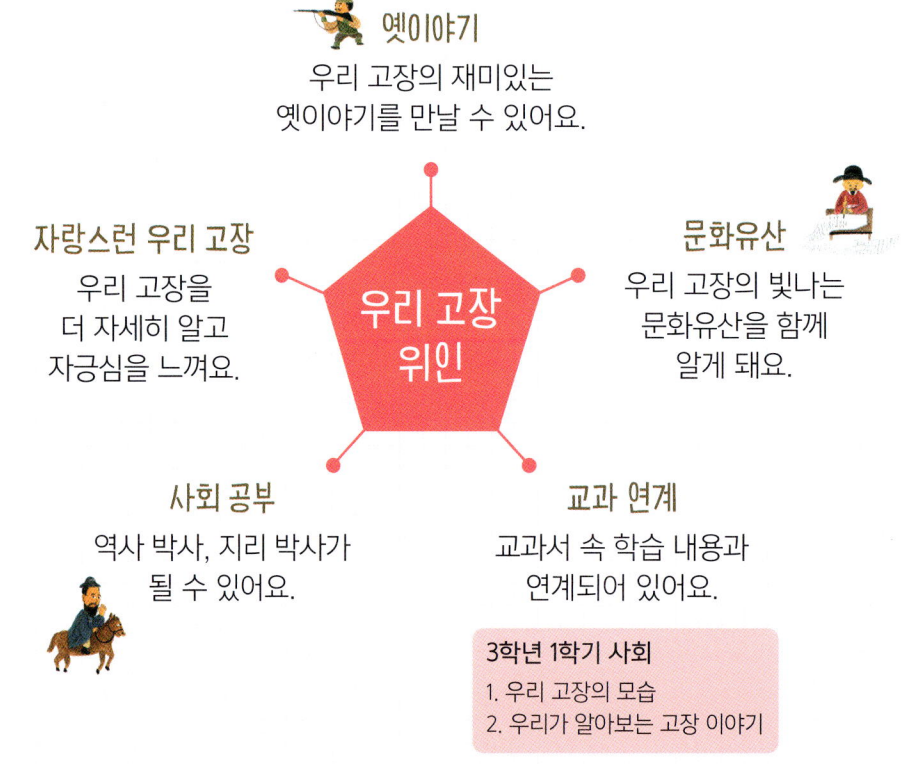

옛이야기
우리 고장의 재미있는 옛이야기를 만날 수 있어요.

자랑스런 우리 고장
우리 고장을 더 자세히 알고 자긍심을 느껴요.

문화유산
우리 고장의 빛나는 문화유산을 함께 알게 돼요.

사회 공부
역사 박사, 지리 박사가 될 수 있어요.

교과 연계
교과서 속 학습 내용과 연계되어 있어요.

우리 고장 위인

3학년 1학기 사회
1. 우리 고장의 모습
2. 우리가 알아보는 고장 이야기

학교 공부에 활용하는
《우리 고장 위인 찾기》

● **학교 숙제와 조사에 활용해요.**

우리 고장 위인과 옛이야기를 찾아야 한다고요?
《우리 고장 위인 찾기》가 있다면 걱정 없어요.
알짜만 쏙쏙 뽑아낸 위인 정보는 물론 재미있는 이야기가 실려 있어요.

● **생생한 역사 체험 학습을 떠나요.**

우리 고장에 남겨진 위인의 발자취는 체험 학습의 훌륭한 길잡이가 될 거예요.
위인과 관련된 유적지부터 고장의 명소와 축제까지 다양하게 소개합니다.

 차례

대구

대구 소개 | 대구는 어떤 곳일까? · 8

01 왕의 목숨을 구한 고려의 장수
신숭겸 | 10

02 많은 책을 써서 조선의 문화를 발전시킨 신하
서거정 | 20

03 자기 돈을 들여 둑을 쌓은 대구 판관
이서 | 30

04 국채 보상 운동을 이끈 독립운동가
서상돈 | 38

05 독립의 희망을 노래한 시인
이상화 | 48

06 한국의 고갱으로 불린 천재 화가
이인성 | 56

07 노동자의 권리를 위해 애쓴 노동 운동가
전태일 | 64

위인 따라 대구 체험 학습 · 74
더 알아보는 위인 | 우리도 대구 위인이야! · 76

울산

울산 소개 | 울산은 어떤 곳일까? · 78

01
목숨 걸고 왕자들을 구한 신라의 충신
박제상 | 80

02
포로로 끌려간 많은 백성을 구한 외교관
이예 | 90

03
대한 광복회를 이끈 독립운동가
박상진 | 98

04
'한글이 목숨'이라고 생각한 국어학자
최현배 | 106

05
한국 문학에 큰 발자취를 남긴 소설가
오영수 | 118

위인 따라 울산 체험 학습 · 124
더 알아보는 위인 | 우리도 울산 위인이야! · 126
대구·울산 위인 찾기 · 128

 **대구** 소개

대구는 어떤 곳일까?

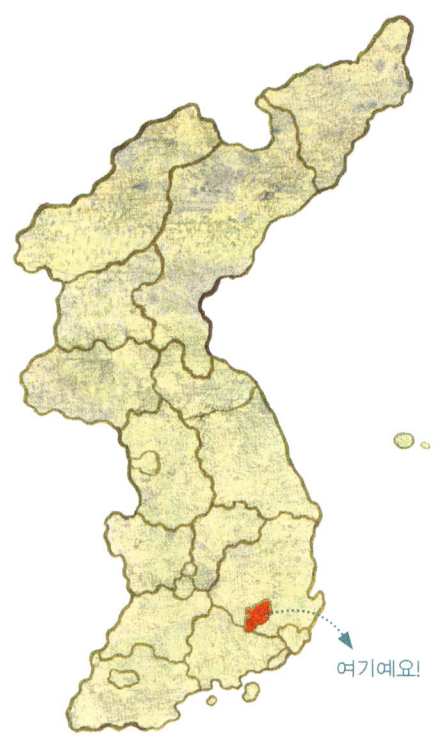
 여기예요!

대구의 역사

대구에 처음 사람이 살기 시작한 것은 약 2만 년 전입니다. 대구는 삼국 시대에 신라의 땅이었습니다. 이때 대구 이름은 '달구화'였어요. 현재의 대구라는 지명은, 757년 신라의 경덕왕이 '달구화'를 '대구'로 바꾸면서 생겼답니다.

고려 시대에 대구는 중요한 군사 도시였어요. 대구가 대도시로 성장한 것은 조선 시대였습니다. 특히 1601년 경상도 지역을 다스리던 관찰사가 근무하는 '경상 감영'이 설치되면서, 대구는 경상도 지방의 중심 도시가 되었답니다. 1981년에 경상북도에서 분리되어 '대구직할시'가 되었고, 1995년에는 '대구광역시'가 되었어요.

대구의 자연

대구는 분지입니다. 분지란 산으로 둘러싸인 평야 지대를 뜻해요. 대구를 대표하는 산은 높이가 천 미터가 넘는 팔공산입니다. 또 비슬산 같은 큰 산이 도시 아래쪽에 있고, 시내에는 두류산, 와룡산 같은 작은 산들이 있습니다. 대구를 대표하는 강은 금호강입니다. 또 대구 시내에는 신천, 달서천 등 여러 하천이 흐르고 있어요. 대구는 분지인 탓에 겨울은 춥고 여름은 더워요. 특히 여름에 무척 더운 도시로 유명해요.

대구의 문화유산

대구에서는 선사 시대 사람들이 사용한 토기, 석기, 고인돌(돌무덤)이 발견되었어요. 이것은 오래전부터 대구에 사람들이 살았다는 증거입니다. 고대에 대구에 살던 사람들은 대구 중심지에 성을 쌓았는데, 지금도 남아 있는 이 성의 이름은 달성으로, 현재 중구 달성동에 있어요.

대구에는 불교 문화재도 많아요. 대표적인 절은 팔공산에 있는 '동화사'와 '파계사'입니다. '대구 향교' 같은 유교 문화재도 여럿 있어요. 또 대구 시내에는 조선 시대 경상 감영에서 관찰사가 일한 건물인 '선화당'이 있습니다.

대·구·위·인 | 01

왕의 목숨을 구한 고려의 장수

신숭겸
고려 | ? ~ 927 | 장군

안녕! 나는 고려의 장군 신숭겸이야. 나는 오늘날 전라남도에 있는 곡성군에서 태어났어. 그런데 나는 대구에서 더 유명하단다. 그건 바로 대구에서 벌어진 전투 때문이야. 왜 내가 이 전투로 유명해졌는지는 뒷장을 펼치면 알 수 있어.

인물 소개

신숭겸의 어릴 적 이름은 능산이었어요. 전라남도에서 태어나, 청년 시절엔 강원도에서 살았어요. 청년이 되었을 때 강원도 지역에 후고구려라는 나라가 생겼고, 용맹한 신숭겸은 후고구려의 군인이 되었어요. 훗날 왕건을 도와 고려를 세웠어요. 왕건을 지키기 위해 자신의 목숨을 아끼지 않고 싸우다 세상을 떠났어요.

신숭겸의 이모저모

- **직업**: 장군
- **시대**: 고려
- **별명**: 왕건의 은인
- **태어난곳**: 전라남도 곡성에서 태어났어요.
- **특기**: 왕 지키기
- **생년월일**: 알려지지 않았어요.

우리가 알아야 할 **신숭겸** 이야기

앗! 왕이 위험해

 신숭겸의 업적 이야기

신숭겸은 뭘 했을까?

새 나라 건국의 뜻을 품음

후고구려의 왕이었던 궁예는 난폭했어요. 신숭겸 등 몇몇 신하들은 궁예에게 실망했어요. 나라의 앞날을 위해 왕을 바꿔야 한다고 생각했지요. 신숭겸과 몇몇 신하들은 궁예를 대신할 지도자로 왕건을 생각했어요. 왕건은 인자한 성격의 장수로, 따르는 사람이 많았어요. 마침내 신숭겸과 신하들이 왕건을 설득했어요.
"궁예는 백성들로부터도 존경을 받지 못하고 있습니다. 지금이야말로 궁예를 몰아내고 나라를 새롭게 일으켜 세울 때입니다."

내가 싸우다 죽은 공산 전투의 배경이 대구 팔공산이야.

궁예를 몰아내고 공신이 됨

왕건은 자기를 따르는 병사들을 이끌고 궁예가 사는 궁궐로 쳐들어갔어요. 부하 장수들이 자기 대신 새로운 왕을 올릴 거라고 생각하지 못한 궁예는 제대로 싸워 보지도 못하고 왕 자리에서 쫓겨났답니다. 궁예를 몰아낸 왕건은 새 나라 고려를 세웠어요. 이 사건으로 신숭겸은 고려의 탄생에 힘쓴 1등 공신*이 되었지요.

★ **공신** 나라를 위하여 특별한 공을 세운 신하

TIP 후고구려와 궁예

901년 신라의 북쪽 지역에 궁예라는 지도자가 나타나 새 나라를 세웠어요. 궁예는 고구려를 잇는 나라라는 뜻에서 나라 이름을 후고구려라고 하였습니다. 궁예는 군사력을 키워서 신라 땅을 야금야금 정복하였어요.

918년 후고구려는 신라보다 강한 나라가 되었어요. 나라가 강해진 탓일까요? 이 무렵 궁예는 이상해졌어요. 난폭하고 교만해진 것입니다. 이런 변화는 부하 장수들을 힘들게 했어요. 그는 부하가 조그만 잘못을 해도 심한 벌을 내렸어요. 또 걸핏하면 부하를 의심하였답니다.

궁예는 결국 왕위에서 쫓겨나 비참한 최후를 맞이했어요.

네가 왕 자리를 탐냈지?!

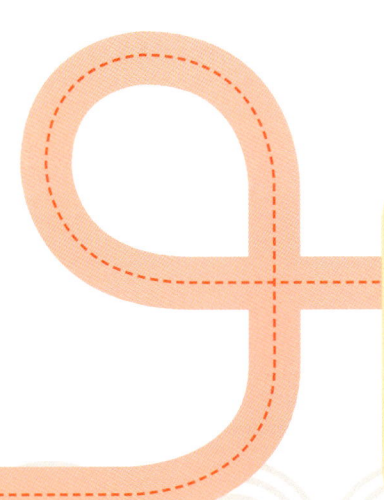

왕건을 살리고 고려를 지킴

927년 대구 팔공산에서 고려와 후백제 사이에 큰 전투가 벌어졌어요. 치열한 전투 속에서 고려는 후백제에 밀리기 시작했어요. 신숭겸은 왕건을 살리기 위해 왕건과 옷을 바꿔 입고 싸웠어요. 왕건이 죽으면 고려가 망하리라는 걸 알았기 때문이에요. 결국 신숭겸은 왕건 대신 전쟁터에서 죽고 말았어요.

 **신숭겸**과 함께 보기

공산 전투의 두 주인공

왕건 (877~943) 고려를 세운 왕

안녕! 나는 왕건이야. 나는 청년 시절에 후고구려의 장수가 되었어. 여러 전투에서 공을 세운 후, 궁예가 아끼는 부하 장수가 되었단다. 918년 나는 궁예를 몰아내고 고려를 세웠단다. 왕이 된 후 나는 신하들과 백성들을 인자하게 다스렸어. 또 고려의 힘을 꾸준하게 키웠단다. 나의 목표는 고려, 후백제, 신라로 분열된 나라를 통일하는 것이었어. 936년, 마침내 그 꿈을 이루었단다! 평생 동안 나는 신숭겸을 잊을 수 없었어. 생명의 은인이었으니까.

견훤 (867~936) 후백제를 세운 왕

나는 후백제의 왕 견훤이야. 나는 청년 시절에 신라의 장수가 되었어. 이때 신라는 정치가 혼란스러웠어. 나라가 어지러워지자 신라 땅 곳곳에서 군사 지도자들이 나타나 새 나라를 만들려고 했어. 나도 내 밑의 병사들을 이끌고 900년에 후백제라는 나라를 세웠지.

역사 **체험 학습**

신숭겸의 발자취

신숭겸 장군 유적

📍 대구광역시 동구 지묘동
◆ 대구광역시 기념물 제1호

왕건은 신숭겸의 명복을 빌기 위해 신숭겸이 죽은 곳에 지묘사라는 절을 세웠대요. 지묘사는 고려가 망한 후 없어졌어요. 조선 시대에는 옛 지묘사 자리에 신숭겸을 추모하는 표충사와 충렬비가 세워졌어요.

표충사는 조선 후기에 서원을 없애는 나라의 정책 때문에 없어졌는데, 그 후 이 자리에 표충재라는 건물이 새로 지어졌어요. 표충재 외에도 표충단(신숭겸의 군복을 묻은 곳), 신숭겸의 동상, 추모 비석이 있답니다.

팔공산

📍 대구광역시 동구

팔공산엔 왕산이란 산이 있어요. 이 이름은 신숭겸이 고려의 왕을 살렸다고 해서 생긴 이름입니다. 또 나팔 고개란 곳이 있어요. 고려와 후백제 전투 때, 왕건이 군사들의 사기를 높이려고 나팔을 불게 했다는 전설 때문에 이런 이름이 생겼대요. 팔공산 주변의 '안심'이라는 마을 이름은, 후백제 군대를 피해 이곳에 도착한 왕건이 안심했다고 해서 생긴 이름이래요. 또 '반야월(半반夜야月월)'이라는 마을 이름은 왕건이 도망치는데 '밤하늘에 반달이 떠 있었다'고 해서 생겼어요.

대·구·위·인 | 02

많은 책을 써서 **조선의 문화를 발전**시킨 신하

서거정
조선 | 1420 ~ 1488 | 학자

후손들아 반갑다. 나는 대구를 늘 내 고향으로 여겼어. 대구의 아름다움을 노래한 시도 지었지. 내가 벼슬을 하지 않았다면 작가가 되었을지 몰라. 글을 아주 잘 썼거든.

인물 소개

서거정은 2남 5녀 중 막내아들로 태어났어요. 열 살 때 아버지가 돌아가셨지만, 열심히 공부를 하여 열아홉 살에 과거에 합격하였고, 스물다섯 살 때부터 벼슬 생활을 시작하였답니다. 훌륭한 글을 한데 모아 놓은 책인 《동문선》을 비롯해 여러 책을 썼어요.

서거정의 이모저모

시대
조선

생년월일
1420년에 태어났어요.

특징
〈대구십경〉을 지었어요.

취미
독서

직업
학자

특기
책 쓰기

우리가 알아야 할 **서거정** 이야기

내 일에 보람을 느끼니 참 즐겁구나!

조선 성종 임금 때의 어느 날, 수도 한양(지금의 서울)의 궁궐. 서거정이 왕의 명령을 받고 궁으로 왔어요.

"부르심을 받고 왔사옵니다."

"내가 꼭 만들고 싶은 책이 있어 그대를 불렀노라."

서거정이 물었어요.

"어떤 책이옵니까?"

"삼국 시대부터 우리 조상들은 좋은 글을 많이 지었다. 그것들 중 특히 빼어난 글을 골라서 책으로 만들려고 한다. 그대가 이 일을 책임지도록 하라!"

"전하의 뜻을 받들어 좋은 책을 만들겠사옵니다."

서거정은 기쁜 마음으로 왕의 명령을 받아들였답니다. 왜 그랬을까요? 서거정에게 새 책을 만드는 것은 행복한 일이었어요. 서거정은 문학에 재능이 있었고, 책 만드는 일을 좋아했기 때문입니다. 또 그 일은 보람 있는 일이었어요. 조선의 문화를 발전시키는 일이었으니까요.

서거정은 좋은 책을 만들기 위한 계획을 세웠어요. 먼저 자기를 도와 책을 만들 약 20명의 인재를 뽑았어요. 삼국 시대부터 전해 오는 글을 모으고, 읽고,

그중에서 좋은 글을 뽑아야 하니, 할 일이 아주 많았어요. 그렇기 때문에 20명의 인원을 선발한 겁니다.

서거정은 자기보다 어린 선비들을 이끌고 책 만들기를 시작하여, 1478년 책을 완성하였습니다. 그것은 총 133권으로 이루어진 아주 많은 분량이었습니다. 책에는 삼국 시대 글부터 조선 시대 글까지, 약 500명이 쓴 4,302편의 글이 실렸어요. 실린 글은 시, 수필, 신하가 왕에게 보고하는 글 등 다양했어요.

서거정은 그 책에 《동문선(東文選)》이란 제목을 붙였어요. 여기서 동(東)은 중국의 동쪽에 있는 나라인 조선을 뜻합니다. 문(文)은 글을 뜻하고, 선(選)은 뽑는 것을 뜻해요. 그러니까 동문선은, '조선에 대대로 전해 오는 글을 뽑은 책'이란 뜻이지요. 서거정이 책임자가 되어 만든 《동문선》은 우리나라의 문학 자료를 한데 모아 놓은 책이라는 점에서, 지금도 '보물처럼 소중한 책'이라는 평가를 받고 있답니다.

서거정의 업적 이야기

서거정은 뭘 했을까?

오랜 기간 벼슬살이를 함

서거정은 45년간 벼슬살이를 했어요. 그가 모신 왕만 해도 제4대 왕인 세종부터 문종, 단종, 세조, 예종, 성종까지 6명이나 된답니다. 조선 시대 역사에서 한 사람이 이렇게 오랫동안 벼슬을 하면서, 여러 임금을 모시는 것은 흔한 일이 아닙니다.

서거정은 성격이 너그럽고 부드러웠어요. 그래서 같이 일하는 신하들과 좋은 관계를 유지했습니다. 또 그는 누가 왕이 되든지 신하로서 왕을 잘 모시고, 자기가 맡은 일에 최선을 다한 신하였어요. 이런 태도로 벼슬살이를 했기 때문에 여섯 명이나 되는 왕 밑에서 일할 수 있었던 것이지요.

또 서거정은 인재를 선발하는 시험인 과거의 책임자로 오랫동안 활동했어요. 그는 스물세 번이나 과거 책임자로 일하면서 많은 인재를 선발하였답니다.

세종　　문종　　단종　　세조　　예종　　성종

대구와 관계가 깊은 서거정

서거정은 달성 서씨 집안 사람으로, 대구를 고향으로 생각했어요. 그래서 대구와 인연이 아주 깊지요. 서거정은 대구의 경치를 묘사한 10편의 시를 남긴 것으로도 유명해요. 이것을 〈대구십경〉이라고 불러요.

> 책을 내는 것은 참 즐거운 일이야.

훌륭한 책을 여럿 씀

서거정은 앞에서 설명한 《동문선》 외에도, 나라에서 책을 만들 때 중요한 역할을 했어요. 그가 참여하여 만든 책에는 《경국대전》, 《동국통감》, 《동국여지승람》 등이 있어요. 《경국대전》은 조선의 법과 제도를 정리한 책이에요. 《동국통감》은 역사책입니다. 여기서 '동국(東國)'은 중국 동쪽에 있는 나라를 뜻하는 말로, 예로부터 한반도에 있던 나라를 가리키던 말입니다. 지리책인 《동국여지승람》의 '동국'도 같은 뜻을 담고 있어요. 이 책들은 지금도 조선의 역사를 연구하는 데 중요한 자료가 되고 있어요.

명나라도 감탄한 서거정의 시

서거정은 훌륭한 문학가이기도 했어요. 많은 시와 수필을 썼고, 지금도 여러 작품이 남아 있답니다. 그가 글을 얼마나 잘 썼는지는 1460년에 있었던 일화를 통해서도 알 수 있어요.

왕의 명령을 받아 사신으로 가던 서거정은 명나라 선비를 만났어요. 서거정이 시를 잘 쓴다는 말을 듣고 명나라 선비가 솜씨를 겨뤄 보자고 했어요. 명나라 선비는 자기가 쓴 시와 서거정이 쓴 시를 비교하더니, 이렇게 말했대요.

"나의 작품은 당신의 시를 도저히 따라갈 수 없습니다."

서거정과 함께 보기

대구 경치를 묘사한 10편의 시

서거정이 쓴 시 중에는 대구의 아름다운 경치를 표현한 작품도 있습니다. 이 10편의 시를 〈대구십경〉이라고 해요. 대구십경은 '대구의 열 가지 풍경'이라는 뜻입니다. 10개의 시 제목과 내용은 다음과 같아요.

〈금호범주〉: 금호강의 뱃놀이

〈입암조어〉: 입암이라는 바위에 앉아서 하는 낚시

〈귀수춘운〉: 거북산의 봄 구름 풍경

〈학루명월〉: 금학루라는 누각에서 본 밝은 달의 풍경

〈남소하화〉: 남소라는 연못에서 본 연꽃 풍경

〈북벽향림〉: 절벽에 심어진 측백나무 숲의 풍경

〈동화심승〉: 팔공산에 있는 절인 '동화사'에서 어떤 스님을 찾는 글

〈노원송객〉: 노원이란 곳에서 어떤 사람과 이별하는 느낌을 표현

〈공영적설〉: 팔공산에 쌓인 눈의 풍경

〈침산낙조〉: 침산에서 바라본 저녁노을 풍경

건들바위(대구 입암)

측백나무 숲

대구의 또 다른 위인

서침 (1541~1593) 서거정의 조상

나는 고려 시대에 태어나 조선 전기까지 살았던 서침이라고 해. 나는 서거정의 조상으로, 달성 서씨 집안 사람이지. 나는 지금 대구에 있는 달성 공원 지역에 살았어. 그런데 어느 날 나라에서 대구의 중심 지역인 달성을 요새로 만든다는 결정을 내렸어. 나는 이 명령에 군말 없이 따랐어. 살던 곳을 나라에 바치고 대구의 다른 지역으로 가족을 데리고 이사 갔지. 요새를 만드는 일에 협조를 잘 하였다고 임금님은 나에게 상을 내리려고 했어. 그때 나는 이런 말을 하였단다.
"저에게 상을 주는 대신, 우리 마을 사람들이 내는 세금을 줄여 주셨으면 합니다."
나라에서는 나의 제안을 받아들였어. 덕분에 가난했던 이웃 사람들은 세금 걱정을 크게 덜었단다. 그런데 이 일이 있은 후 놀라운 일이 일어났어. 가난한 이웃을 위해 내가 상을 포기했다는 이야기를 들은 임금님께서 나에게 벼슬을 주신 거야. 착한 일을 한 덕분에 생각지도 못한 벼슬을 받은 거지.

마을 사람들의 세금을 줄여 주십시오.

★ 오늘날 달성 공원 안에는 '서침 나무' 가 있어요. 약 300년 정도 산 나무예요. 대구 사람들은 서침이 한 착한 일을 기념하기 위해서 나무에 그의 이름을 붙였어요.

역사 **체험 학습**

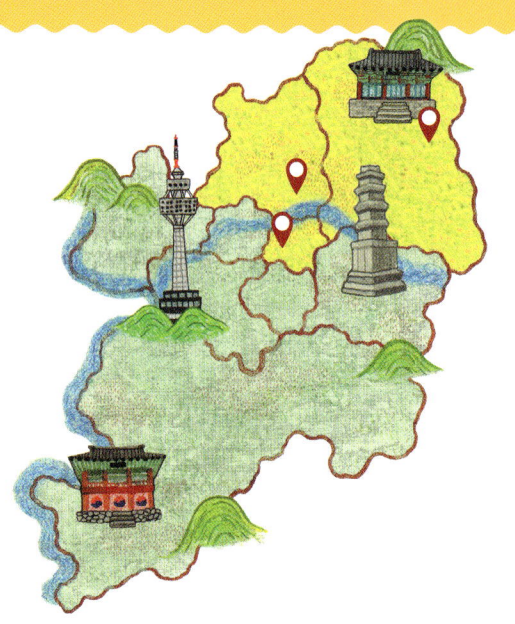

서거정의 발자취

금호강

📍 대구광역시

서거정의 시 중 〈금호범주〉는 금호강에서 하는 뱃놀이를 시로 표현한 것입니다.
금호강은 경상북도 포항에 있는 산에서 시작되는 강으로, 경상북도의 영천, 경산을 거쳐 대구로 흐르는 강입니다. 대구 근처에는 금호강의 풍경을 즐길 수 있는 동촌 유원지가 있어요. 이곳엔 서거정의 시를 새긴 비석도 있습니다.

동화사

📍 대구광역시 동구 도학동

동화사는 〈대구십경〉 중 〈동화심승〉(팔공산에 있는 절인 동화사에서 어떤 스님을 찾는 글)에 나오는 절입니다. 팔공산에 있는 이 절은, 삼국 시대에 지어진 것으로 대구에서 가장 유명한 절이랍니다.

침산 공원

📍 대구광역시 북구 침산동

침산은 〈대구십경〉 중에서 〈침산낙조〉(침산에서 바라본 노을 풍경)에 나오는 곳입니다. 오늘날 침산에는 침산 공원이 있고, 저녁노을을 감상할 수 있는 침산정이라는 전망대도 있어요.

달성 공원

📍 대구광역시 중구 달성동

달성 공원 지역은 고대 시대부터 사람들이 모여 살던 곳이에요. 삼국 시대엔 흙으로 만든 성이 있었답니다. 조선 시대엔 이곳에 대구 지역을 다스리는 관청이 세워지기도 하였어요. 조선 시대에 달성에 사는 사람 중엔 서씨 성을 가진 사람이 많았는데, 이들은 달성 서씨의 조상이 되었답니다. 서거정도 달성 서씨입니다.

사가정 공원

📍 서울특별시 중랑구 면목동

서울에도 서거정을 기념하는 곳이 있어요. 서거정이 서울의 용마산 근처에 산 적이 있는데, 이를 기념하여 서거정의 호를 딴 사가정 공원이 생겼답니다. 공원 안에는 서거정이 쓴 시를 새긴 비석도 있어요.

대·구·위·인 | 03

자기 돈을 들여 둑을 쌓은 **대구 판관**

이서
조선 | 1732~1794 | 대구 판관

대구에는 신천이라는 하천이 있어. 내 이름은 신천 때문에 역사에 남게 되었단다. 옛날에는 비가 많이 오면 신천 주변이 홍수 피해를 많이 입었어. 나는 이걸 보고도 모르는 척할 수 없었지. 그래서…….

인물 소개

1732년에 태어난 조선 시대 사람이에요. 1778년에 대구 판관*으로 일하면서 대구 지역을 다스렸지요. 이때 이서는 홍수 피해를 줄여 백성이 편하게 살게 하려고, 자기의 재산을 제방 공사 비용으로 내놓았어요. 제방은 물가에 쌓는 둑으로, 물이 넘치지 않게 해 줘요. 이 일 때문에 이서는 지금까지도 대구 시민의 존경을 받는 사람이 되었답니다.

이서의 이모저모

- **시대** 조선
- **생년월일** 1732년에 태어났어요.
- **특징** 대구에서 판관으로 일했어요.
- **취미** 백성 생각하기
- **직업** 대구 판관
- **한마디** 제방 공사 비용은 나에게 맡겨라!

★ **판관** 조선 시대에 지방을 다스리던 벼슬 중 하나

 우리가 알아야 할 **이서** 이야기

제방 쌓는 비용은 걱정 마라!

1778년 어느 날, 대구에 큰비가 내렸습니다. 이때 대구에 있는 하천인 신천의 물이 넘쳤어요. 불어난 물은 순식간에 신천 주변 지역을 덮쳤어요. 갑작스럽게 많은 사람이 수재민*이 되었습니다.

비가 갠 다음, 대구 판관 이서는 신천에 가 보았습니다. 물에 잠긴 집을 보니 그 일이 자기 잘못인 것 같아 마음이 아팠어요. 이서는 대구 관아에서 일하는 사람들을 불러 모았어요. 관아는 벼슬아치들이 모여 나랏일을 하던 곳이에요.

"신천의 홍수 피해를 막을 방법이 없을까?"

한 아전*이 말했어요.

"홍수 때 물이 불어나는 지역이 있사온데, 그곳의 물길을 바꾸어야 합니다."

이어 다른 아전이 말했어요.

"물길을 바꾼 후 제방을 쌓으면 더 안전하옵지요."

이서가 고개를 끄덕이며 말했습니다.

"좋다! 물길을 바꾸고 제방 쌓는 일을 시작하자꾸나."

그 말에 한 아전이 말했어요.

"좋은 생각이오나, 지금은 곤란하옵니다."

"곤란하다니?"

"제방을 쌓으려면 백성을 모아 일을 시켜야 합니다. 그런데 지금은 한창 농

★ **수재민** 홍수나 장마 따위로 피해를 입은 사람
★ **아전** 관아의 벼슬아치 밑에서 일을 보던 사람

사철입니다. 공사 일을 시키면 불평하는 사람이 많을 것이옵니다. 그리고 제방을 쌓으려면 돈도 들 터인데, 지금 대구 관아의 형편이 넉넉하지 않사옵니다."

"걱정할 것 없다. 공사 비용은 내가 내마. 또 공사에 참여하는 사람들은 가을에 낼 세금을 줄여 주면 될 것 아니냐?"

이서의 말에 아전들이 넙죽 절하며 말했어요.

"판관 나리의 말씀이 참으로 감격스럽사옵니다."

이서가 백성들이 피해를 입는 것이 안타까워 자기 재산까지 내놓으면서 도와주려 했으니, 아전들이 감동받을 만했어요.

이렇게 해서 신천에 제방 쌓는 공사를 하게 되었어요.

"영차~ 영차!"

"자, 힘껏 밀어!"

공사장에서 일하는 사람들의 고함 소리가 메아리쳤습니다.

마침내 제방이 완성되었어요. 이로써 홍수 피해도 줄어들었어요.

이서의 업적 이야기

이서는 뭘 했을까?

대구에는 '이공제비'라는 비석이 있어요. 이것은 조선 정조 때 대구 판관이었던 이서를 기념하기 위해 세운 비예요. 이공제비에서 이(李)는 이서의 성씨이고, 공(公)은 높은 사람을 가리키는 말이고, 제(堤)는 제방을 뜻하는 한자입니다. 앞에서 본 것처럼 이서는 백성들을 위해 자신의 재산을 내놓는 것도 아까워하지 않았어요. 이서가 공사비를 마련해 준 덕분에 제방이 생겼고, 백성들은 홍수 피해 때문에 걱정할 필요 없게 되었어요.

백성을 위해 제방 공사비를 내 줌

이서가 살았을 때 대구를 흐르던 강은 지금과는 달리 '용두산-수도산-동산-달성 공원 앞-금호강'으로 흘렀어요. 당시 대구의 중심부를 흘러서 홍수 때마다 사람들에게 큰 피해를 입혔지요. 이서가 세운 제방은 강의 물길을 다른 방향으로 돌려 주었어요. 제방을 세운 후로 사람들은 홍수 피해도 덜 입게 되었답니다.

제방을 만든 이유

백성을 위해서라면 전 재산도 아깝지 않다!

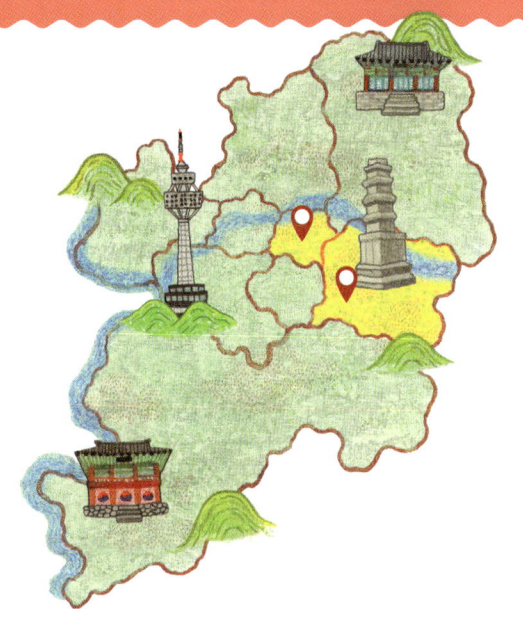

역사 **체험 학습**

이서의 발자취

이서 공원과 이공제비
📍 대구광역시 수성구 상동

신천 근처에는 이서의 업적을 기념하여 만든 이서 공원이 있답니다. 이곳에선 해마다 이서의 업적을 기리는 제사 행사가 열려요. 또 이서 공원에는 이서의 업적을 기념하는 비석과, 비석을 보호하기 위해 지은 집인 비각이 있어요.

경상 감영 공원
📍 대구광역시 중구 포정동

조선 시대에 대구에는 경상도를 다스리는 관찰사가 일하는 경상 감영이 있었어요. 감영이 있었던 자리에는 현재 '경상 감영 공원'이 있어요. 공원 안에는 과거에 관찰사가 일하던 건물인 '선화당'이 있어요. 사진 속 건물 모습이 선화당이에요. 선화당은 대구광역시 유형문화재 제1호예요.

 역사 **체험 학습**

대구 신천 구경하기

도시에 흐르는 하천을 도시 하천이라고 해요. 신천은 대구의 아름다운 도시 하천으로 유명해요. 신천에는 다리가 여러 개 있어요. 역사학자들은 이서가 제방을 쌓은 곳이 수성교 근처였던 것으로 추측해요. 이서의 비석도 수성교가 있는 지역에서 발견됐어요. 그 밖에도 신천에는 볼거리와 즐길 거리가 아주 많답니다. 함께 살펴보아요.

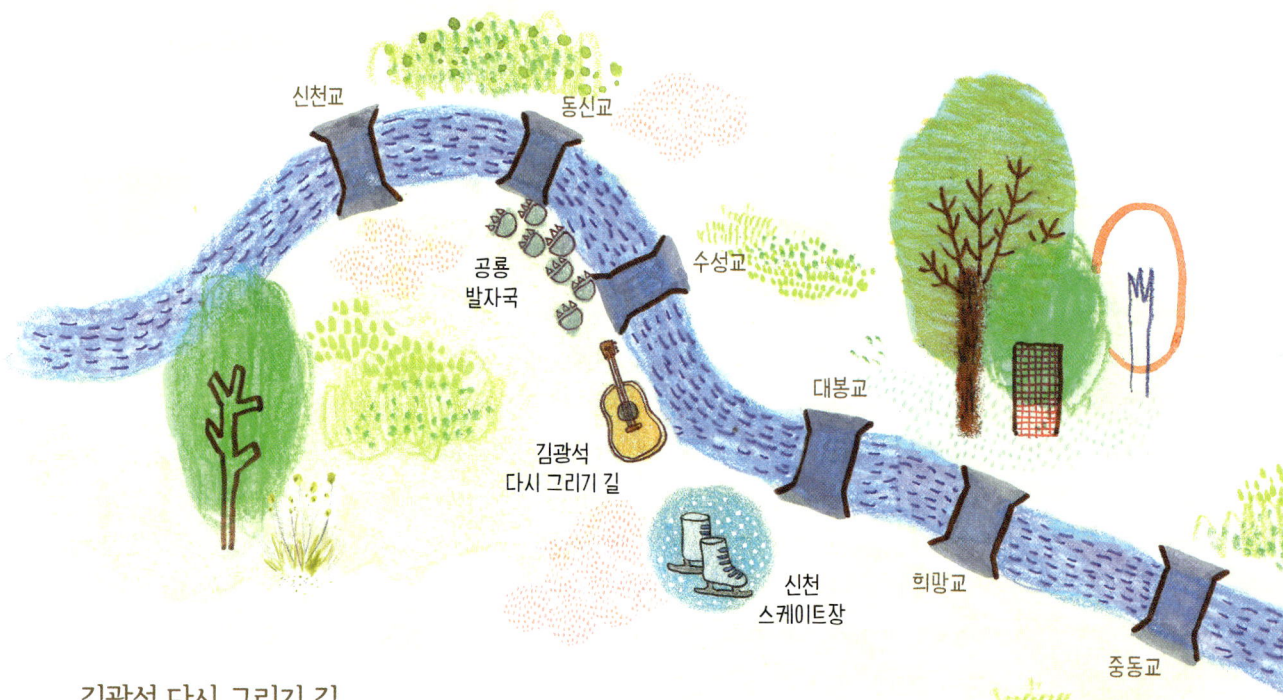

김광석 다시 그리기 길

신천 주변에는 대구가 자랑하는 관광지도 여럿 있어요. 대표적인 것이 '김광석 다시 그리기 길'이라는 곳입니다. 김광석은 1980~1990년대의 인기 가수로, 많은 명곡을 남기고 젊은 나이에 죽었어요. 김광석은 어린 시절 신천 주변에 있는 동네인 대봉동의 방천 시장 근처에서 살았어요. 이 지역에는 '김광석 다시 그리기 길'이 있어요. 아름다운 벽화 등 볼 것이 많아서, 요즘도 전국 곳곳에서 많은 사람이 구경 온답니다.

수달이 발견된 신천

수달은 물이 깨끗한 곳에서 사는 동물입니다. 신천에선 그동안 수달이 여러 번 발견되었어요. 신천에는 수달 외에 천연기념물로 지정된 새인 황조롱이가 나타나기도 했어요. 이 외에도 물이 맑은 신천에는 많은 새와 물고기가 살고 있어요.

스케이트장이 있는 신천

겨울이 되면 신천에 있는 스케이트장에서 스케이트를 타고 놀 수 있어요. 수성 유원지에서는 겨울에 얼음 썰매장도 열린답니다.

공룡 발자국 & 고산골 공룡 공원

대구에는 여러 곳에 공룡 발자국 화석이 있어요. 앞산 고산골, 수성구 욱수천 그리고 신천의 동신교와 수성교 사이 등지에서 공룡 발자국 화석이 발견되었지요. 또 상동교와 두산교 사이에는 고산골 공룡 공원이 있어요.

대·구·위·인 | 04

국채 보상 운동을 이끈 독립운동가

서상돈
근대 | 1851 ~ 1913 | 독립운동가

대구의 자랑스러운 역사 중에는 '국채 보상 운동을 시작한 도시'라는 것이 있어. 나는 이 운동을 제안한 사람이었단다. 뒷장에 나오는 만화를 보면, 이 운동이 무엇인지 잘 알 수 있어.

인물 소개

서상돈은 어려서부터 천주교를 믿었어요. 조선에서는 천주교를 금지했기 때문에, 서상돈은 청년 시절에 대구를 떠나 강원도, 경상북도에 옮겨 다니며 살기도 했어요. 1871년 서상돈은 대구에서 종이와 옷감 등을 파는 가게를 하였어요. 열심히 일한 그는 1885년경에는 대구를 대표하는 기업가가 되었어요. 대구의 기업가로 성공한 후, 나라를 위해 여러 활동을 했어요.

서상돈의 이모저모

시대
조선 …→ 대한 제국 …→ 일제 강점기

생년월일
1851년 10월 17일에 태어났어요.

태어난 곳
경상북도 김천에서 태어났어요.

직업
독립운동가, 기업가

특징
국채 보상 운동을 이끌었어요.

서상돈의 업적 이야기

서상돈은 뭘 했을까?

서상돈은 1907년 대구의 광문사라는 출판사에 부사장으로 일하고 있었어요. 이때 국채 보상 운동을 하자는 의견을 내놓았지요. 그는 국채 보상 취지서를 써서 발표했어요. 대구에서 시작된 국채 보상 운동은 곧 전국적으로 퍼져 나갔지요. 아이 어른 할 것 없이 전 국민이 그 뜻을 함께했답니다.

국채 보상 운동을 제안함

국채 보상 취지서의 내용

국채 보상 취지서의 내용은 다음과 같았어요. '나라 빚 천 3백만 원은 대한 제국의 운명이 달린 것으로, 2천만 국민이 3개월 동안 흡연을 하지 않고 그 대금 20전씩을 거둔다면 천 3백만 원을 모을 수 있다'는 것이었어요.

국채 보상 운동의 의의

국채 보상 운동은 일본의 방해로 성공하지 못했어요. 하지만 일본의 속셈과 침략에 관하여 국민들을 일깨우는 계기가 되었어요. 그리고 최초의 국민운동이라는 의의가 있답니다.

독립 협회 운동에 참여함

서상돈은 조선을 발전시키려는 개혁 운동에도 적극 참여하였답니다. 독립 협회는 토론회와 강연회를 열어 조선 백성들에게 독립 정신을 알리는 조직이었어요. 여기에 찬성하는 많은 사람이 독립 협회 운동에 참여하였는데, 그중엔 대구의 기업가인 서상돈도 있었어요.

독립 협회가 벌인 운동 중 대표적인 것은 만민 공동회 개최였습니다. 만민 공동회는 서울에서 여러 번 열렸어요. 많을 때는 약 2만 명의 백성이 참여하여 나라를 구할 방법에 대해 토론하였어요.

 **서상돈**과 함께 보기

국채 보상 운동의 생생한 현장

국채 보상 운동에 참여한 사람들의 목소리를 들어 볼까요?

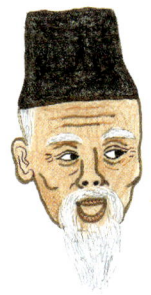

처음 국채 보상 운동을 제안한 나 서상돈은 800원을 성금으로 냈어. 당시 기준으로 800원은 큰돈이었단다.

나라 사랑에 남자 여자가 어디 있겠니? 난 대구 남일동에 살았는데, 비녀와 반지를 국채 보상 운동에 성금으로 내놓았단다.

우린 오늘날 북한에 있는 진남포란 도시에 살았던 여성들이야. 대구에서 시작된 국채 보상 운동은 전국으로 퍼졌어. 진남포 아주머니들도 성금을 모으는 부인회를 만들어, 이 운동에 참여하였단다.

나는 오늘날 경상남도 진주시에 살던 기생이었어. 나는 성금도 내고, 신문에 국채 보상 운동에 적극 참여하자는 독자 투고문★도 보냈단다.

난 어리지만 국채 보상 운동이 시작되었을 때 돈을 보탰어. 얼마 안 되는 돈이지만 나라에 보탬이 되니 얼마나 기분이 좋았는지 몰라.

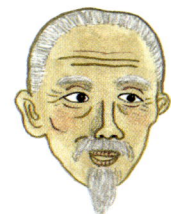
나는 이상재라고 해. 국채 보상 운동이 일어났을 때 나는 대한 제국의 관리로 일했어. 나 같은 관리들 중에도 국채 보상 운동에 참가한 사람이 몇 명 있었단다. 나는 훗날 독립운동가로도 활약했단다.

TIP 국채 보상 운동과 비슷한 사건

1997년 한국에선 국채 보상 운동과 비슷한 운동이 일어났어요. 이때 한국은 경제가 크게 어려워져 IMF(국제 통화 기금)라는 국제기구로부터 큰 빚을 지는 신세가 되었어요. 이때 전국에서 약 350만 명의 국민이 자기가 가진 금반지나 목걸이 등을 성금으로 내서, 나라 빚을 갚는 운동에 참여하였답니다.

★ **투고문** 의뢰를 받지 않은 사람이 신문에 실어 달라고 써서 보낸 원고

역사 **체험 학습**

서상돈의 발자취

서상돈 흉상

국채 보상 운동 기념 공원

📍 대구광역시 중구 동인동 ☎ 053)254-9401

대구의 도심인 동인동에는 국채 보상 운동 기념 공원이 있어요. 이곳엔 국채 보상 운동을 기념하는 조각품과 비석이 있어요.
나무와 잔디가 심어진 오솔길 사이로, 대구와 경상북도 출신 위인들이 쓴 좋은 글을 새긴 비석도 많이 있어요. 그중엔 서상돈이 남긴 말을 새긴 비석도 있어요.

국채 보상 운동 기념관

공원 안에 있어요. 기념관에 가면 국채 보상 운동에 대한 역사 자료를 구경할 수 있고, 이 운동을 소재로 한 애니메이션도 볼 수 있어요.

국채보상로

대구에는 '국채보상로'라는 이름이 붙은 큰 도로도 있답니다. 국채 보상 운동을 기념하는 도로지요.

서상돈 고택

📍 대구광역시 중구 계산동
☎ 053)256-3762

서상돈이 살았던 고택은 지금도 잘 보존되어 있습니다. 고택은 옛날 집이란 뜻이에요. 집으로 가는 길에는 그의 얼굴이 새겨진 벽화도 있어요.

국채 보상 운동 기념비

📍 대구광역시 중구

국채 보상 운동을 기념하기 위해 세워진 기념비예요. 예전에는 시민 회관이던 대구 콘서트 하우스 건물 앞에 있어요.

국채 보상 운동 여성 기념비

국채 보상 운동 기념 공원 안에 있어요. 대구 남일동 7부인회를 기념하기 위해 세워졌어요. 남일동 7부인회가 비녀와 반지, 보석을 내놓은 것을 시작으로 많은 여성들이 국채 보상 운동에 참여하게 됐지요.

대·구·위·인 | 05

독립의 희망을 노래한 **시인**

이상화

근현대 | 1901~1943 | 시인

훌륭한 예술은 시대를 뛰어넘어 사람들에게 기억된단다. 내가 쓴 시도 그랬어. 나는 일본의 지배를 받던 괴로운 현실 속에서, 언젠가는 찾아올 독립의 희망을 노래한 시를 썼어. 이 시는 역사에 길이 빛나는 작품이 되었단다.

인물 소개

대구의 명문 집안에서 태어났지만, 일곱 살 때 아버지가 죽었고 그 후 큰아버지 밑에서 교육을 받으며 자랐어요. 고등학생 시절부터 시를 쓰기 시작하였어요. 독립의 희망을 노래한 시를 쓰고, 일본의 지배에 굴복하지 않았지요. 이상화의 유명한 시로는 〈빼앗긴 들에도 봄은 오는가〉, 〈나의 침실로〉 등이 있어요.

이상화의 이모저모

- **시대**: 대한 제국 … 일제 강점기
- **생년월일**: 1901년에 태어났어요.
- **태어난 곳**: 대구에서 태어났어요.
- **별명**: 항일* 시인
- **직업**: 시인, 독립운동가
- **특기**: 시 쓰기

★ **항일** 조선 말~일제 강점기 동안, 일본의 침략에 맞서 싸운 것을 말함

우리가 알아야 할 **이상화** 이야기

빼앗긴 들에도 봄은 오는가

1926년 어느 날, 이상화는 계산동에 있는 집을 나섰습니다. 그는 대구를 가로지르는 하천인 신천을 따라 걸었어요.

조선이 일본의 식민지가 된 것은 1910년. 그로부터 벌써 16년이 지났습니다. 이상화는 조선의 현실을 생각하면 답답하고 서러웠어요.

이상화는 간절하게 조선의 독립을 바랐습니다. 바라기만 한 게 아니라, 독립 운동에도 참여하였어요. 1919년 조선 땅 곳곳에서 3·1 운동이 일어났을 때 대구에서 친구들과 만세 운동을 일으키려 했지요. 그러다 일본 경찰에 들켜 한동안 도망 다니니기도 했답니다.

걸으면서 이상화는 생각하였습니다.

'아! 독립의 날은 언제 올까?'

이런 생각을 할 때마다 이상화는 슬펐습니다. 살아 있는 동안에 독립을 보지 못하는 것은 아닐까 하는 생각도 들었습니다.

얼마를 걸었을까요. 갑자기 눈앞에 너른 들판이 나타났어요. 수성 들판이었습니다. 겨울을 지나 봄이 온 들판엔 쑥쑥 자라난 보리가 푸른 물결을 이루고 있었어요. 아름다운 풍경을 찬양이라도 하는 걸까요. 어디선가 종달새의 맑은 울음소리가 들렸어요.

그 풍경을 보며 이상화는 생각하였습니다.

'지금 일본의 지배를 받고 있는 조선은 빼앗긴 들판과 같다.

그러나 늘 빼앗긴 채로 있지는 않을 것이다. 오늘 내 눈앞에 펼쳐진 저 들판을 보라! 차가운 겨울을 이겨 내고 다시 푸르른 빛으로 살아나고 있지 않은가! 우리나라도 봄의 들판처럼, 반드시 독립을 할 수 있을 것이다.'

이 생각은 집으로 돌아온 후에도 계속 머리에 떠올랐어요. 이상화는 자기가 느낀 것을 시로 적기 시작하였어요. 그 시는 이런 문장으로 시작하였어요.

지금은 남의 땅, 빼앗긴 들에도 봄은 오는가?

나는 온몸에 햇살을 받고
푸른 하늘 푸른 들이 맞붙은 곳으로
가르마 같은 논길을 따라
꿈속을 가듯 걸어만 간다
……

이상화는 시에 〈빼앗긴 들에도 봄은 오는가〉라는 제목을 붙였습니다. 시대를 뛰어넘어 한국인들이 좋아하는 위대한 시는 이렇게 탄생하였어요.

이상화의 업적 이야기

이상화는 뭘 했을까?

이상화는 고등학생이던 1919년에 친구들과 함께 3·1 운동을 준비했어요. 하지만 일본에 들키는 바람에, 시위를 하지 못하고 실패했지요. 1927년에는 일본에 맞서 싸우는 독립운동 단체인 '의열단'에 연관되어 감옥에 갇히기도 했어요.
그는 평생 동안 일본의 압력에 항복하지 않았어요. 어두운 현실 속에서도 나라를 배반하지 않고 살아간 훌륭한 시인이었지요.

일본의 지배에 저항함

겨울이 지나면 반드시 봄이 오는 것처럼, 우리에게도 독립이 꼭 찾아올 거야!

훌륭한 시를 많이 씀

〈빼앗긴 들에도 봄은 오는가〉와 같이 독립에 대한 희망과 의지를 담은 시를 썼어요. 이 시에서 '빼앗긴 들'은 일본에 나라를 빼앗긴 조국의 현실을 뜻해요. 그리고 '봄'은 조선의 독립을 뜻하지요. 그 외에도 〈말세의 희탄〉, 〈단조〉, 〈가을의 풍경〉, 〈나의 침실로〉 등 한국 문학 역사에 중요한 작품들을 많이 남겼어요.

이상화와 함께 보기

이상화의 친구와 가족

현진건 (1900~1943) 소설가

나는 대구 출신의 소설가로 이상화의 친구였어. 〈빈처〉, 〈술 권하는 사회〉, 〈운수 좋은 날〉, 〈무영탑〉 같은 소설이 유명해. 이 작품들은 모두 단편 소설이야. 그래서 나를 '한국 단편 소설의 개척자'라고 평가하지. 나와 이상화는 조선을 강제로 빼앗은 일본에 복종하는 것은 비겁한 짓이라고 생각하고 저항하였지. 이런 점에서 나와 이상화는 마음이 잘 통하였단다.

이상정 (1896~1947) 2017년 4월 '이달의 독립운동가'

나는 이상화의 형으로 대구에서 태어났어. 교사로 일하다가, 1923년 중국 땅으로 망명하였어. 그곳에서 당시 일본과 싸우던 중국의 군대에 참여하여 독립운동을 하였지. 1919년 중국의 상해라는 도시에 조선의 독립운동가들이 모여서 대한민국 임시 정부를 세웠는데, 나는 그 임시 정부를 돕는 일도 많이 했단다.

권기옥 (1901~1988) 우리 나라 최초의 여성 비행사·독립운동가

나는 이상화의 형수야. 학생 시절부터 3·1 운동에 참여하는 등 독립운동을 하였어. 1920년 중국에 있는 대한민국 임시 정부로 가서, 독립운동을 하였단다. 나는 1923년 대한민국 임시 정부의 추천을 받아 공군을 양성하는 중국 항공 학교에 입학했어. 당시 우리나라 독립군에는 공군이 없었기 때문에, 일본과 싸우던 중국의 항공 부대에서 활약하였단다.

역사 **체험 학습**

이상화의 발자취

이상화 시비

대구에는 이상화의 시를 새긴 비석이 여러 개 있어요. 두류 공원에는 이상화 동상이 함께 있답니다. 수성못에 세워진 시비에는 〈빼앗긴 들에도 봄은 오는가〉 시 전체가 새겨져 있어요. 달성 공원에 있는 시비는 1948년에 세워진 것으로, 우리나라에 세워진 시비 중에 가장 오래됐어요.

이상화는 1943년 병에 걸려 죽고 말았습니다. 그의 친구들은 시인으로서 능력을 마음껏 펴 보지도 못하고 죽은 그를 추모하기 위해 이상화를 기념하는 비석을 세웠답니다.

이상화 고택

 대구광역시 중구 계산동

이상화가 1939년부터 죽을 때까지 살던 집이에요. 1999년 이 집과 주변 지역은 도시 개발로 헐릴 뻔했어요. 이때 대구 시민들이 돈을 모아 이상화 고택을 보존하자는 운동을 하여, 집이 헐리지 않게 되었어요. 집은 새 단장을 하였고, 지금은 대구가 자랑하는 문화 명소가 되었답니다.

수성못

📍 대구광역시 수성구 두산동

수성구에는 수성못이 있어요. 일제 강점기 때 이 못 주변은 넓은 들판이었어요. 현재 이곳에는 상동, 중동, 두산동, 황금동 같은 동네가 있어요. 〈빼앗긴 들에도 봄은 오는가〉는 이 수성 들판을 배경으로 한 작품이에요.

대구 근대 골목

📍 대구광역시 중구 계산동

'대구 근대 골목 투어'는 대구가 자랑하는 관광 프로그램이에요. 근대란, 조선 시대 말기부터 1919년 3·1 운동 때까지를 말해요. 대구 근대 골목 투어는 중구에 많이 남아 있는 근대 건축물과 오래된 거리를 구경하는 여행이에요. 여러 코스가 있는데, 가장 인기 있는 것은 이상화의 고택이 있는 계산동과 그 주변 지역을 둘러보는 코스입니다. 이 코스엔 계산 성당, 제일 교회 등 오래된 근대 건축물이 많아요. 또 일제 강점기 때 대구의 학생들이 독립운동을 한 3·1 운동길도 있답니다. 사진은 이상화 고택으로 가는 골목길의 모습이에요.

대·구·위·인 | 06

한국의 고갱으로 불린 **천재 화가**

이인성

근현대 | 1912~1950 | 화가

나는 젊은 나이에 화가로 성공하였어. 하지만 성공 과정은 쉽지 않았단다. 화가의 꿈을 이루는 데 불리한 점이 많았기 때문이야. 그래도 난 그 어려움을 이겨 냈단다.

인물 소개

가난한 집에서 태어난 이인성은 초등학교를 졸업한 뒤 중학교에 가지 못했어요. 다행히 그의 재능을 알아본 화가의 도움으로 미술 수업을 받으면서 화가로 성장하였어요. 이인성의 그림은 19세기의 프랑스 화가인 고갱과 비슷한 분위기였어요. 고갱은 세계적으로 유명한 화가입니다. 그래서 이인성은 '한국의 고갱'이라는 별명을 얻었어요.

이인성의 이모저모

시대
일제 강점기 …
대한민국

생년월일
1912년
8월 28일에
태어났어요.

태어난 곳
대구에서
태어났어요.

별명
천재 화가,
한국의 고갱

직업
화가

특기
그림 그리기

 우리가 알아야 할 **이인성** 이야기

소년의 간절한 꿈

초등학생 이인성은 그림 그리기를 좋아했습니다. 시간이 날 때면 종이에 그림을 그렸어요. 붓과 종이가 없으면 손으로 땅바닥에 그림을 그렸지요. 그림을 그릴 때 이인성은 행복했어요. 시간이 가는 줄도 몰랐지요.

그에겐 타고난 재능까지 있었어요. 초등학교 시절에 이인성은 미술 공모전에서 상을 받았어요. 그러나 이인성은 이 소식을 가족에게 알릴 수 없었어요. 아버지가 이인성이 화가가 되는 걸 반대했기 때문입니다.

아버지가 반대하더라도 이인성은 화가가 되고 싶었어요. 그런데 꿈을 이루는 데 또 하나의 장애물이 있었어요. 가난이었습니다. 집이 가난하여 초등학교를 졸업한 후, 중학교에 가지도 못했어요.

'화가가 되는 것은 불가능한 일일까?'

이인성이 이런 고민에 빠져 있을 때, 고마운 사람이 나타났어요. 그는 서동진이라는 화가였어요. 서동진은 이인성의 그림을 보고 그에게 재능이 있음을 알았어요. 이인성이 중학교에 진학하지 못한 걸 안 서동진이 말했어요.

"인성아, 중학교에 가야만 미술 공부를 할 수 있는 건 아냐. 지금부터 내가 가르쳐 주마."

이 말을 듣고 이인성은 하늘을 날아갈 듯이 기뻤어요.

시간이 흘러 열여덟 살이 된 이인성은 당시 최고의 미술 공모전이었던 '조선 미술 전람회(조선미전)'에 그림을 내서 입선*했어요. 그리고 2년 후에는 더 좋은 상을 받았지요. 이 무렵 이인성은 새로운 꿈을 꾸었어요. 일본에 있는 미술 학교에 입학하여 제대로 미술을 배우는 것이었어요. 문제는 돈이었습니다. 가난하여 유학을 갈 수 없었던 겁니다.

그런데 놀라운 일이 벌어졌어요. 이인성의 이야기를 들은 대구의 몇몇 화가와 부자들이 유학비를 마련해 준 것이에요. 대구를 떠나며 이인성은 자기를 도와준 어른들께 감사 인사를 드렸어요.

"훌륭한 화가가 되어 도와주신 은혜에 보답하겠습니다."

이인성은 이 약속을 지켰답니다. 일본에서 열심히 미술 공부를 하고 돌아와서 유명한 화가가 된 것이지요.

★ **입선** 내어 놓은 작품이 심사에 합격하여 뽑힘

이인성의 업적 이야기

이인성은 뭘 했을까?

이인성은 타고난 재능과 노력으로 가난을 이겨 내고 훌륭한 화가가 되었어요. 재능도 있었지만, 많은 노력과 연습이 있어서 가능한 일이었지요. 그런 이인성을 알아본 서동진을 비롯한 대구의 화가 및 부자들 덕분에 이인성은 미술 공부를 계속할 수 있었어요.

가난을 이겨 낸 화가

많은 미술상을 탄 화가

일본에 가서 미술을 공부한 이인성은 해마다 조선 미술 전람회에 작품을 내서 상을 받았어요. 일본에서 열린 여러 공모전에서도 연달아 상을 받았지요. 이인성이 조선으로 돌아왔을 때, 그는 조선에서 가장 유명한 청년 화가가 되어 있었답니다. 그를 천재 화가라고 부르는 사람도 있었어요. 이인성은 그림을 열심히 그려 많은 명작을 남겼답니다.

한국 미술사에서 높이 평가받음

이인성은 놀라운 재능과 신선한 표현 기법으로 그림을 그렸어요. 특히 그가 그린 불투명한 수채화 기법은 높이 평가받지요. 그는 앞선 화가들의 기법을 자신의 것으로 소화하고 자유롭게 쓸 줄 아는 화가였어요.

좋아하는 일이 있다면 나처럼 꾸준히 해 봐! 아무리 어려워도 말이야.

이인성 미술상

유명한 상에는 그 상을 만든 사람의 이름이 붙는 경우가 있어요. 대표적인 것은 스웨덴의 과학자이자 기업가인 노벨이 만든 '노벨상'입니다.

또 유명한 상 중에는 그 분야에서 큰 업적을 남긴 사람을 기념하여 만든 상도 있답니다. 이런 상은 특히 예술 분야에 많아요. 우리나라 미술 분야에도 이런 상이 많은데, 그중엔 이인성을 기념하는 '이인성 미술상'도 있답니다.

이인성과 함께 보기

이인성의 아름다운 그림

〈계산동 성당〉

이인성은 대구의 풍경을 소재로 한 그림도 여럿 그렸어요. 그중 하나가 중구 계산동에 있는 성당을 그린 이 그림입니다. 그림에 나무 한 그루가 있지요? 이것은 감나무로, 아직도 성당 마당에 있어요. 이 나무는 '이인성 나무'라는 별명을 가지고 있답니다.

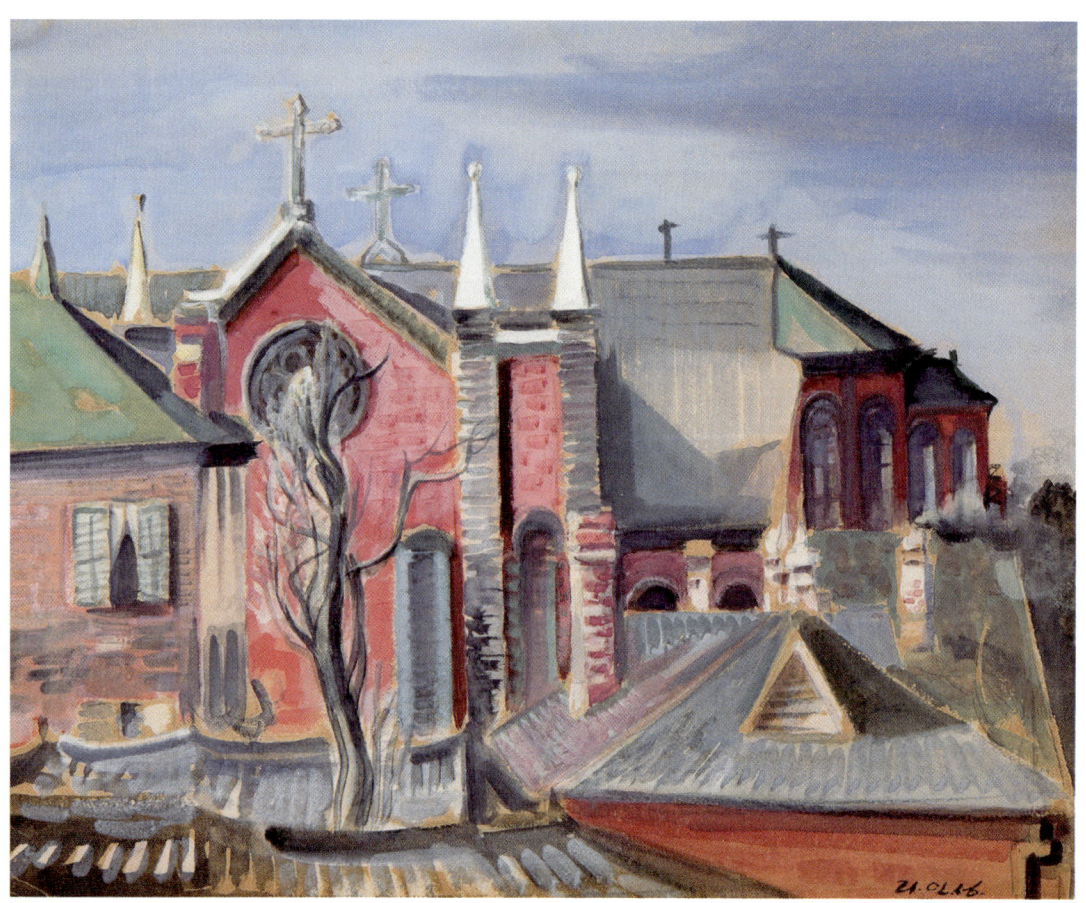

〈가을 어느 날〉

이인성의 그림 중 가장 유명한 작품이에요. 1934년 조선 미술 전람회에서 특선으로 뽑힌 작품으로, 우리나라의 향토색을 잘 표현한 작품이란 평가를 받고 있어요. '향토색'이란, 시골의 경치에 담긴 고유의 특색을 말해요. 그림을 보면, 땅과 식물과 그 사이에 선 사람이 시골의 분위기를 잘 표현하고 있다는 걸 알 수 있어요.

TIP 이인성과 관련 있는 장소

이인성 아트센터

대구 북구 산격동에 있는 미술관이에요.

이인성 사과나무 거리

이인성은 어린 시절, 사과나무가 많았던 산격동에서 그림을 많이 그렸어요. 이를 기리기 위해 산격동에 '이인성 사과나무 거리'를 만들었다고 해요. 이인성의 그림인 〈가을 어느 날〉, 〈사과나무〉, 〈카이유〉 등이 벽화로 그려져 있어요.

대·구·위·인 | 07

노동자의 권리를 위해 애쓴 **노동 운동가**

전태일

현대 | 1948 ~ 1970 | 노동 운동가

나는 공장에서 일하는 노동자들이 고생하는 것이 안타까웠어. 그래서 노동법 공부도 하고, 노동자 모임도 만들었지. 하지만 달라지는 건 없었어. 그래도 난 현실을 좋게 변화시키겠다는 꿈을 포기하지 않았단다.

인물 소개

대구시 중구 남산동에서 재단사*의 아들로 태어난 전태일은 서울로 이사한 후, 초등학교를 다녔지만 가난 때문에 4학년까지밖에 못 다녔어요. 그 후 집안 형편을 돕기 위해 재단사로 취직을 하여 일을 하였답니다. 전태일은 노동자들의 보다 나은 삶을 위해 자기의 목숨을 바쳤어요. 전태일의 죽음 후, 한국에선 노동 운동이 활발하게 일어났습니다.

전태일의 이모저모

- **시대** 대한민국
- **태어난 곳** 대구에서 태어났어요.
- **직업** 노동 운동가
- **생년월일** 1948년 8월 26일에 태어났어요.
- **취미** 독서
- **별명** 대한민국 노동자의 아버지

★ **재단사** 옷감을 치수에 맞게 재거나 자르는 일을 하는 사람

 우리가 알아야 할 **전태일** 이야기

우리는 기계가 아니다!

전태일은 1948년 대구에서 태어났어요. 전태일의 아버지는 재단사였습니다. 아버지가 받는 월급이 많지 않아 전태일의 집은 가난했어요.

전태일 가족은 가난에서 벗어나려고 대구보다 일자리가 많은 서울로 이사를 갔습니다. 아버지가 조그만 봉제 공장을 차린 후 형편은 나아졌어요. 그러나 아버지가 사기꾼에게 속아 큰돈을 잃는 바람에 다시 가난해지고 말았어요.

결국 전태일은 열일곱 살 때부터 옷 만드는 공장에서 일하게 되었어요.

일은 아주 고됐어요. 전태일은 하루에 반 이상을 일했습니다. 그런데도 월급은 아주 적었어요. 재단사 보조로 직장 일을 시작한 전태일은 기술이 늘어, 나중엔 재단사가 되었어요. 이때 월급도 조금 늘어났습니다.

전태일은 마음이 따뜻한 청년이었어요. 또 정의로운 사람이었습니다. 그가 일하는 공장에는 나이 어린 여자 노동자(여공)들이 많았어요. 집안 형편이 어려워 학교도 못 다니고 어린 나이에 취직한 사람들이었어요.

전태일은 그들을 보면 가슴이 아팠어요. 처음 전태일이 일을 시작했을 때처럼, 어린 여공들도 나쁜 작업 환경에서 아주 오래 일을 했거든요. 월급도 적었지요. 휴일에 제대로 쉬지 못해 병에 걸리는 여공들도 많았어요. 전태일은 고민했어요.

'어떻게 하면 노동자들이 지금보다 나은 환경에서 일을 할 수 있을까? 또 어

떻게 해야 일한 보람이 있는 월급을 받을 수 있을까?'

 이런 고민을 하였던 전태일은 어느 날 '근로 기준법'이란 법이 있다는 걸 알게 되었어요. 그것은 근로자, 곧 노동자의 권리를 다룬 법이었습니다. 전태일은 《근로 기준법》 책을 사서, 공부를 시작했어요. 그런데 한자가 많아서 책을 읽기 힘들었습니다. 하루에 한 장 읽기도 힘들 때가 많았어요.

 전태일은 모르는 한자는 같은 동네에 사는 대학생에게 가서 물어보면서, 근로 기준법을 공부하였어요. 이렇게 해서 근로 기준법을 다 이해한 후, 전태일은 노동자의 권리 보호를 위한 조직을 만들어야 한다는 결론을 내렸습니다.

 어느 날 전태일은 평화 시장에서 일하던 노동자 동료들에게 말했어요.

"우리가 일하는 환경을 지금보다 좋게 만들려면 노동자의 힘을 키워야 합니다. 평화 시장에서 일하는 우리 노동자들의 모임을 만들면 좋겠어요."

동료들과 전태일은 '바보회'라는 모임을 만들었어요. 왜 모임 이름을 이렇게 지은 걸까요?

'그동안 근로 기준법 같은 것도 모르고 바보같이 살아왔으니, 앞으로는 바보같이 살지 말자!'는 뜻을 담은 것이었답니다.

그런데 봉제 공장 사장이나 정부는 전태일이 앞장선 노동 운동에 관심을 갖지 않았습니다. 어떨 때는 방해를 하였어요. 아무리 노력해도 변화하지 않는 현실에 전태일은 실망했어요. 그러나 어떻게 해서든 노동자들의 삶을 더 낫게 변화시켜야 한다는 꿈은 포기하지 않았습니다.

그러던 1970년 11월 13일, 전태일이 일하던 평화 시장 근처에서 노동자들의 집회가 열렸어요. 집회란 여러 사람이 어떤 목적을 이루기 위해 모이는 것이에요. 집회 중에 경찰이 나타나 강제로 노동자들을 해산시켰습니다. 또 봉제 공장 사장들이 고용한 깡패들은 노동자들이 들고 있는 현수막을 빼앗아 찢어 버리기도 했어요.

이 장면을 본 전태일은 몹시 화가 나고 억울한 마음이 들었어요. 그는 동료 노동자들을 위해 하나뿐인 자기의 목숨을 희생하기로 결심하였어요. 그것은 보통 사람이라면 생각할 엄두조차 나지 않는 결정이었습니다.

전태일은 《근로 기준법》 책을 가슴에 품고 앞으로 나갔어요. 그리고 몸에 불을 붙였어요. 전태일의 옷에는 휘발유가 뿌려져 있어, 불길이 순식간에 몸을

뒤덮었지요. 전태일은 손에 《근로 기준법》 책을 든 채로 소리쳤어요.

"근로 기준법을 준수하라! 우리는 기계가 아니다! 일요일은 쉬게 하라!"

불길에 휩싸인 탓에 고통스러웠지만 그는 멈추지 않고 외쳤어요. 전태일의 목소리가 평화 시장 가득 울렸어요. 그의 용기와 의지는 타오르는 불길만큼 뜨거웠습니다.

얼마 안 가 전태일은 쓰러졌습니다. 사람들이 달려가 그의 몸에 붙은 불을 끄고 그를 병원으로 옮겼어요. 하지만 화상이 너무 심해서, 그날 밤 전태일은 죽고 말았어요. 당시 그의 나이는 스물두 살이었습니다.

전태일은 죽었지만, 그의 죽음은 한국의 노동 운동에 불을 지폈어요. 한국에선 전태일의 죽음 이후부터 노동 운동이 활발하게 일어났답니다.

전태일의 업적 이야기

전태일은 뭘 했을까?

전태일이 바보회를 만들자 봉제 공장 사장은 전태일을 못마땅하게 생각했어요. 결국 전태일은 봉제 공장에서 해고되었지요.

1970년 전태일은 다시 재단사로 취직이 되었어요. 이번에 전태일은 바보회에 참여했던 동료들을 모아 삼동 친목회라는 노동자 모임을 만들고, 더욱 적극적으로 노동 운동을 하였습니다.

노동자들의 모임을 만듦

근로 기준법을 공부하고 더 이상 바보처럼 살지 말자!

노동자들의 힘든 생활을 알림

전태일은 공장에서 일하는 노동자들의 나쁜 근무 환경을 조사했어요. 그리고 이것을 정부의 노동 문제 담당 기관인 노동청에 알려, 환경을 고쳐 달라고 요구했습니다.

전태일은 대통령이 근무하는 청와대에 편지를 보내기도 했어요. 편지에서 전태일은 노동자들의 어려운 생활을 적고, 이 문제를 고쳐 줄 것을 간절하게 요청하였어요. 하지만 이 편지에 대한 답장은 오지 않았어요.

노동조합이 생기는 데 영향을 줌

전태일의 죽음은 노동자들에게 충격을 주었어요. 또 노동자들의 삶을 좋게 만들기 위해 더 이상 참지 않겠다는 생각을 하는 사람들이 크게 늘어났습니다.

이런 변화는 노동자들이 공장에서 노동조합을 만드는 일로 이어졌답니다. 노동조합은 노동자들이 일하는 환경을 더 좋게 만들기 위해 노력했어요.

노동조합이 만들어지자 큰 변화가 생겼습니다. 노동자들이 당당하게 자신들의 요구를 회사에 하게 되었어요. 또 회사도 과거처럼 노동자들을 무시하거나 함부로 대할 수 없게 되었어요.

노동 문제를 세상에 알림

전태일이 자기 목숨을 바치며 노동자를 위한 운동을 벌이기 전까지, 노동 운동에 관심을 가진 사람은 많지 않았어요. 전태일의 죽음은 이러한 무관심을 깨는 기회가 되었어요.

전태일이 죽기 전에는 신문이나 방송이 공장에서 일하는 노동자들의 고통에 대해서 잘 알리지 않았어요. 전태일의 죽음 이후 신문에선 노동 운동에 대한 기사가 더 많이 실리게 되었어요.

전태일의 죽음은 정부의 태도에도 변화를 주었어요. 이전까지만 해도 정부는 노동자의 편을 잘 들어주지 않았어요. 그러나 노동 운동이 활발해지면서 정부는 노동자의 어려움을 더는 모르는 척할 수 없게 되었어요.

역사 **체험 학습**

전태일의 발자취

내 발자취는 서울에 남아 있어. 내가 일하고 노동 운동을 한 곳이 서울이기 때문이야.

전태일 다리

📍 서울특별시 중구 광희동

전태일이 일했던 평화 시장은 서울을 흐르는 하천인 청계천 옆에 있답니다. 오늘날 청계천에는 많은 다리가 있는데 그중엔 버들 다리라는 것이 있어요. 이 다리의 또 다른 이름은 '전태일 다리'입니다.

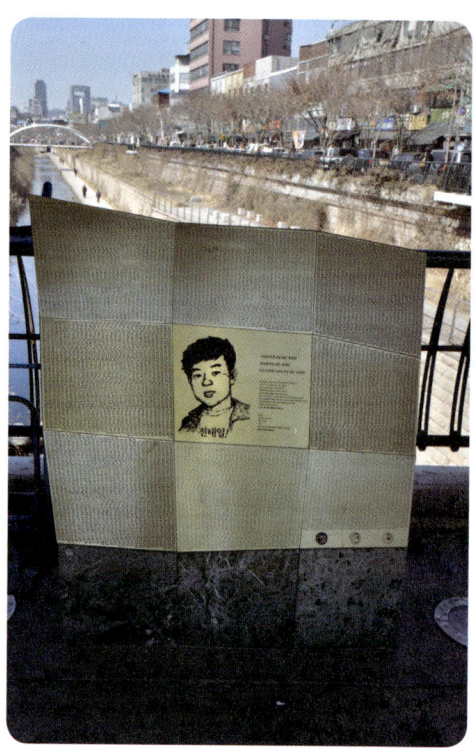

전태일 동상

전태일 다리 옆에는 사람들의 눈길을 붙잡는 동상이 있으니, 바로 전태일 동상입니다. 동상은 전태일이 죽은 곳 근처에 세워져 있습니다. 동상 옆 바닥에는 전태일의 정신을 잇겠다는 다짐의 글들이 새겨져 있어요. 이 근처에는 전태일 기념관도 세워졌답니다.

TIP 전태일의 뜻을 이어 가고 있는 '전태일 재단'

전태일은 1970년에 죽었지만, 그의 뜻을 이어받으려는 사업은 지금도 활발하게 벌어지고 있어요. 이 사업을 주도하는 단체는 전태일 재단입니다.

재단의 홈페이지(www.chuntaeil.org)에 들어가면 전태일의 인생에 대한 자세한 이야기도 볼 수 있어요. 전태일 재단에서는 '전태일 노동상·문학상' 사업, 교육 사업, 기념 행사 등 여러 사업을 한답니다.

전태일 39주기 기념 행사 모습

위인 따라 대구 체험 학습

대구 위인들의 발자취를 한눈에 살펴보아요.
앞에서 소개한 장소 중 대표적인 곳을 가려 뽑았답니다.

- 동구

❶ 동화사 ❷ 신숭겸 장군 유적

- 북구

❸ 이인성 아트센터, 이인성 사과나무 거리 ❹ 침산 공원

- 중구

❺ 서상돈 고택, 이상화 고택 ❻ 경상 감영 공원 ❼ 국채 보상 운동 기념 공원

- 수성구

❽ 이서 공원과 이공제비 ❾ 수성못, 이상화 시비

더 알아보는 **위인**

우리도 대구 위인이야!

김초향 (1900~1983) - 어려움을 딛고 판소리 명창*이 된 여성

시대 대한 제국 ⋯▸ 일제 강점기 ⋯▸ 대한민국

대구에서 태어난 판소리 명창이에요. 어린 나이에 부모님을 잃고 어렵게 자랐지만 재주를 살려 명창이 되었어요. 김초향은 열두 살에 대구에서 노래를 배우기 시작했어요. 열네 살에 서울로 올라와, 유명한 선생님들에게 소리를 배웠지요. 그때부터 극장 무대에 서기 시작했어요. 김초향의 공연은 인기가 많았어요. 그래서 공연도 많이 하고 레코드 음반 녹음도 활발히 했지요. 김초향은 당시에 이화중선과 더불어 여성 판소리 명창으로 손꼽혔어요. 김초향은 특히 〈흥부가〉를 잘 불렀답니다. 동생 김소향과 함께 자매 명창으로도 유명해요.

이육사 (1904~1944) - 민족의 아픔을 노래한 시인

시대 대한 제국 ⋯▸ 일제 강점기

경상북도 안동에서 태어났고, 1920년 열여섯 살에 대구로 이사를 왔어요. 대구 교남 학교에서 잠시 공부했어요. 이육사는 1925년에 독립운동 단체인 의열단에서 활동을 시작했어요. 그러다 '조선 은행 대구 지점 폭파 사건'에 관련되어 감옥에 갇혔답니다. 이때 수감 번호가 264번이라서, 독립의 의지를 담아 '이육사'라는 이름을 지었어요. 그의 본명은 이원록이었지요. 이육사는 독립 의지와 민족정신을 담은 시를 쓴 것으로 유명해요. 대표작으로 〈광야〉, 〈청포도〉 등이 있습니다.

오늘날 대구 중구에는 '264(이육사) 작은 문학관'이 있답니다. 대구에서 20년 가까이 살았던

★ **명창** 노래를 뛰어나게 잘 부르는 사람

이육사의 문학과 독립운동 활동을 기념하기 위해 세운 문학관이지요.

이인 (1896~1979) - 독립운동가를 변호한 항일 변호사

시대 조선 … 대한 제국 … 일제 강점기 … 대한민국

대구에서 태어나 대구의 달동의숙과 경북 실업 보습 학교를 졸업했어요. 그 후 1912년 일본에 가서 법학을 공부했답니다. 변호사가 된 이인이 처음 맡았던 사건은 독립운동 단체인 '의열단'을 변호하는 일이었어요. 그 후 계속 독립운동과 관련된 사건을 많이 맡았답니다. 대표적으로 광주 학생 항일 운동 사건, 안창호 사건, 6·10 만세 운동 사건이 있습니다. 이인은 허헌, 김병로와 함께 무료로 독립운동가를 변호하는 단체를 만들기도 했어요.

독립이 된 후에는 정치 활동을 하였고, 대한민국이 세워지자 첫 번째 법무부 장관이 되었어요. 죽기 전, 이인은 유언으로 자신의 전 재산을 한글 학회에 기증했어요.

조영래 (1947~1990) - 《전태일 평전》을 쓴 인권 변호사

시대 대한민국

대구에서 태어난 변호사예요. 조영래는 모든 사람이 인간으로서 당연히 가지는 권리, 즉 인권을 누리고 살 수 있도록 노력했어요. 과거 우리나라는 군사 집단이 모든 권력을 차지하고 나랏일을 하던 때가 있었어요. 이것을 군사 독재라고 해요. 군사 집단은 권력을 유지하기 위해 죄 없는 사람들을 가두거나 자유를 빼앗기도 했어요.

조영래는 독재에 반대하며 모든 사람이 나라의 주인이 되어야 한다고 주장했어요. 이러한 민주화(民 백성 민 主 주인 주 化 될 화) 운동을 하던 중, 잡혀서 감옥에 갇히기도 했어요. 풀려난 뒤에도 억울하게 죄인으로 몰려 경찰을 피해 다녀야 했어요.

그 기간 동안 조영래는 전태일의 가족과 동료들을 만나고 전태일이 남긴 기록들을 정리하여 《전태일 평전》을 펴냈어요. 당시 이 책을 내는 것은 위험한 일이었어요. 그래서 《전태일 평전》은 일본에서 먼저 나왔고, 1983년에 우리나라에서도 나왔지만 쓴 사람의 이름을 비밀로 하였어요. 조영래가 세상을 떠난 뒤, 1991년에야 비로소 그가 썼다는 것이 밝혀졌지요.

 울산 소개

울산은 어떤 곳일까?

 여기예요!

울산의 역사

울산도 대구와 마찬가지로, 선사 시대부터 사람이 살았던 도시입니다. 삼국 시대에 울산은 신라의 땅이었어요.

울산이라는 지금의 이름이 생긴 것은 조선 시대인 1413년입니다. 그 전까지는 '울주'라는 이름으로 불렸어요.

울산은 우리나라가 공업으로 경제 성장을 시작한 1960년대 이후 크게 발전하였어요. 현재도 많은 기업과 공장이 있는 한국의 대표적인 산업 도시랍니다. 울산은 1962년에 특정 공업 지구로 결정되었고, 1997년에 울산광역시가 되었어요.

울산의 자연

울산은 경상남도 동북쪽에 있는 도시입니다. 북·서·남쪽은 태백산맥에서 뻗어 나온 산으로 둘러싸여 있고, 동남쪽은 동해에 닿아 있어요. 울산 서부 지역에는 산이 많아요. 그래서 이 지역은 유럽에서 아름다운 경치로 유명한 알프스산맥에 빗대어, '영남의 알프스'라는 별명을 가지고 있어요. 울산에 있는 대표적인 강은 태화강입니다. 울산은 동해안을 흐르는 따뜻한 해류와 겨울바람을 막아 주는 높은 산의 영향으로 다른 도시들보다 겨울이 덜 춥답니다.

울산의 문화유산

울산에서는 선사 시대의 빗살무늬 토기, 고인돌 등 다양한 유물들이 발견되었습니다. 또 고대에 만들어진 옛날 무덤들도 있답니다. 선사 시대 유적으로 유명한 것은 울산시 울주군에 있는 암각화로 고래·거북·사슴 등 동물 그림이 새겨져 있어요. 이런 소중한 유적을 가진 것을 기념해 만들어진 울산 암각화 박물관도 있답니다. 불교 국가였던 신라의 땅이었기 때문에 많은 불교 문화재도 남아 있습니다. 또 울산시 두동면에 있는 '각석(刻石) 유적지'에 가면 신라 화랑들의 이름이 새겨진 것을 볼 수 있어요. 이곳이 화랑들이 수련했던 곳임을 알 수 있죠. 또 수령이 일했던 울산 동헌 등 조선 시대 유적도 남아 있어요.

울·산·위·인 | 01

목숨 걸고 왕자들을 구한 신라의 충신

박제상

신라 | 363 ~ 419 | 충신

나는 신라 역사를 통틀어 가장 충성스러운 신하로 유명하단다. 신라 왕자님들을 구하기 위해 두 번이나 목숨을 걸었기 때문이지.

인물 소개

박제상은 신라 사람으로, 눌지왕 때의 충신이에요. 고구려와 일본에 볼모*로 잡혀 있던 눌지왕의 동생들을 구출해 신라로 돌려보냈지요. 그런 점에서 박제상은 충직한 신하이자 능력 있는 외교관이었어요. 그런데 이 일은 목숨을 걸 정도로 위험한 일이었어요. 결국 박제상은 일본에서 목숨을 잃었답니다.

박제상의 이모저모

- **시대**: 삼국 시대 (신라)
- **생년월일**: 363년에 태어났어요.
- **태어난 곳**: 경상남도 양산에서 태어났어요.
- **특기**: 왕족 구출하기
- **별명**: 신라 최고의 충신
- **특징**: 울산에 박제상 유적이 많이 있어요.

★ **볼모** 옛날에 나라 사이에 조약을 맺을 때, 약속의 표시로 붙잡아 두었던 왕자나 높은 사람

우리가 알아야 할 **박제상** 이야기

용감한 박제상

박제상의 업적 이야기

박제상은 뭘 했을까?

박제상은 신라 역사 중 최고의 충신이에요. 눌지왕 때의 사람이지요. 목숨을 걸고 고구려와 일본에 볼모로 잡혀 있던 왕의 동생들을 신라로 탈출시켰어요. 먼저 고구려에 사신으로 가서, 장수왕을 설득해 복호를 데려왔어요. 그 다음으로는 일본으로 가 미사흔을 신라로 도망치게 했지요. 하지만 박제상은 신라로 돌아오지 못했어요. 일본 왕은 박제상을 유배 보냈다가 잔인하게 죽였지요.

왕의 형제들을 신라로 돌려보냄

위험하지만 나는 내가 옳다고 믿는 일을 용기 있게 하고 싶었어.

역사에 길이 남은 충신

박제상의 죽음을 전해 들은 눌지왕은 박제상에게 벼슬을 내렸어요. 그리고 박제상의 둘째 딸을 미사흔과 결혼하도록 했지요. 박제상의 이야기는 《삼국사기》, 《삼국유사》 같은 책에 기록되었어요. 조선 시대에도 박제상은 역사 속에서 대표적인 충신으로 평가받았어요. 세종도 박제상의 충성심을 높이 평가했다고 해요.

박제상과 함께 보기

돌이 되어 버린 박제상 아내의 전설

박제상의 아내에 대해 내려오는 전설이 있어요. 그녀는 박제상이 일본으로 떠나자, 울산의 어느 해안에 딸들을 데리고 가서 남편이 무사히 돌아오기를 간절하게 기다렸어요.

기다리고 또 기다려도 남편은 돌아오지 않았어요. 그녀는 바닷가에 누워 남편의 이름을 불렀습니다. 이것을 안타깝게 여긴 친척들이 부인을 부축하며 말했어요.

"너무 걱정 마십시오. 박제상 어른은 꼭 돌아오실 겁니다. 그러니 집으로 가시지요."

그 말에 박제상의 아내가 겨우 몸을 일으켰어요. 그런데 그녀는 다리가 풀려서 주저앉고 말았어요. 《삼국유사》에 따르면, 이 일 때문에 박제상의 아내가 남편을 기다린 모래벌판을 '벌지지(伐知旨)'라고 했다 합니다. 벌지지는 '뻗치다'를 한자 음으로 표현한 거예요. 다리를 뻗치지 못해 일어나지 못했다는 의미지요.

박제상의 아내에 대한 전설은 경상북도 경주와 울산 경계에 있는 고개인 '치술령'에도 전해 오고 있어요. 그녀가 이 고개 정상에서 동쪽 바다를 바라보며 남편을 기다리다가 돌이 되고 말았다는 전설입니다.

박제상의 아내는 죽어서 치술령 고개를 지키는 신이 되었다고 해요. 사람들은 '신모사'라는 사당을 지어 치술령의 신이 된 박제상의 아내를 모셨어요. 또 고개 아래에 살던 사람들은 비가 오지 않으면 이 신에게 제사를 지냈대요.

역사 **체험 학습**

박제상의 발자취

박제상 유적지

📍 울산광역시 울주군 두동면
♦ 울산광역시 기념물 제1호

박제상의 발자취를 살펴볼 수 있는 곳이에요. 박제상을 모시는 치산 서원과 추모비가 있어요. 박제상 아내가 남편을 기다리다가 돌이 되었다는 전설이 담긴 망부석도 있어요. 또 그녀를 위해 지어진 절인 은을암도 있습니다.

88

치산 서원

전국 곳곳에 있는 박제상 유적

박제상을 모시는 사당은 우리나라 여러 곳에 있어요. 우선 울산의 울주군에는 치산 서원이 있어요. 박제상 유적지에 있지요. 또 경상남도 양산시에는 효충사가 있고, 충청남도 공주시에는 동계사가 있답니다.

일본에도 있는 박제상 유적

동해에는 일본에 속한 섬인 쓰시마섬이 있어요. 1988년 한국 사람들이 뜻을 모아, 쓰시마섬에 박제상의 충성스러운 마음을 기념하는 비석을 세웠어요. '신라 국사 박제상 공 순국비'라고 새겨져 있지요.

울·산·위·인 | 02

포로로 끌려간 많은 백성을 구한 **외교관**

이예
조선 | 1373 ~ 1445 | 외교관

안녕! 나는 울산이 낳은 조선 시대의 외교관이야. 나는 조선과 일본을 오가며 두 나라의 관계를 위해 힘썼어. 나의 노력 덕분에 많은 사람이 포로 생활을 끝내고 조선에 돌아올 수 있었단다.

인물 소개

이예는 고려 시대에 명문 집안에서 태어났어요. 고려가 망하고 새 나라 조선이 생긴 후, 이예의 집안은 고려에 대한 충성을 지키려고 울산으로 내려왔습니다. 이예는 어린 시절에 어머니가 해적에게 납치당하는 일을 겪었어요. 하지만 그런 아픔을 딛고 훌륭한 외교관이 되었어요.

이예의 이모저모

- **시대** 고려 ⋯→ 조선
- **태어난곳** 울산에서 태어났어요.
- **생년월일** 1373년에 태어났어요.
- **직업** 외교관
- **특기** 외교 활동
- **특징** 학성* 이씨의 시조

★ **학성** 옛날에 울산을 가리키던 또 다른 이름
★ 이예가 들고 있는 깃발은 통신사 행렬 때 사용하던 깃발이에요. 용이 그려진 이 깃발은 조선의 왕을 상징해요.

우리가 알아야 할 **이예** 이야기

동포를 구하기 위해 오늘도 일본으로!

울산 지역은 동해안에 있어서, 왜구(일본에서 건너온 도적 떼)의 침입이 잦았어요. 왜구들은 바닷가 마을에 쳐들어와 도둑질을 하였고 그곳에 살던 주민을 포로로 잡아가기도 하였어요.

왜구의 침입은 울산의 소년 이예에게도 큰 상처를 주었답니다. 그가 여덟 살이었을 때, 왜구가 쳐들어와 그의 어머니를 포로로 끌고 간 것입니다. 일본에 끌려간 어머니를 그리워하던 이예는 이런 결심을 했어요.

"일본으로 가서 반드시 어머니를 찾아 모시고 올 테다."

그가 처음 일본에 간 것은 1397년이었어요. 당시 울산 지방의 관청에서 아전으로 일하던 그는 일본으로 건너가 왜구에 끌려간 울산 군수를 구하는 데 공을 세웠어요. 스물다섯 살의 젊은 나이였지만 목숨을 걸고 군수를 구해 낸 것이지요. 이 일로 이예는 벼슬을 얻었습니다.

1400년 조선은 일본에 사신을 보냈어요. 사신은 오늘날의 외교관이에요. 이때 이예는 나라에 이렇게 건의하였어요.

"제가 일본으로 가는 바닷길을 잘 아오니, 사신을 모시고 일본에 갈 수 있게 해 주십시오."

조선에서는 허락하였습니다. 사신을 모시고 일본에 간 이예는 시간이 날 때마다 어머니를 찾았지만, 아쉽게도 찾지 못했어요. 그런데 이때 이예는 왜구에게 끌려와 포로로 살고 있는 조선 사람들을 보았어요. 이예는 생각했어요.

'저들은 나의 동포들이다. 얼마나 고향으로 돌아가고 싶을까? 어머니는 못 찾았지만, 저 사람들을 조선으로 데려가야 한다.'

1년 후 이예는 사신이 되어 일본의 이키섬에 갔어요. 그는 이키섬을 다스리는 지도자를 설득하여 그곳에 있던 조선인 포로 50명을 조국으로 데려왔습니다.

나라에서는 이예가 외교관으로서 성실하게 일하고 또 능력이 있다고 인정하여, 일본에 사신을 보낼 때 늘 그가 가도록 하였어요. 노인이 되어서도 이예의 의지는 꺾이지 않았어요. 몸을 아끼지 않고 일본으로 가서 조선 포로들을 구해 냈답니다.

이예는 평생 외교관으로 활동했어요. 그리고 조선인 포로 약 660명을 찾아서 그들이 무사히 조국으로 돌아오게 하였답니다.

조선에 함께 돌아와서 정말 기쁘네.

 이예의 업적 이야기

이예는 뭘 했을까?

이예는 왜구에게 끌려가 일본에서 살고 있던 동포들을 보고 마음이 아팠어요. 그래서 사신으로 갈 때마다 일본의 지도자들을 설득해 조선인 포로들을 데려왔지요.

평생 동안 그가 일본에 사신으로 간 횟수는 무려 마흔 번이었어요. 70대의 노인이 되어서도 이예는 포로들을 데려오는 일을 멈추지 않았어요. 그리고 일흔세 살에 세상을 떠났지요. 평생을 외교관으로 활약한 이예의 헌신적인 삶은, 한 사람이 자기의 임무에 충실할 때, 얼마나 많은 사람들에게 도움을 줄 수 있는지 잘 보여 줍니다.

조선인 포로들을 고향으로 데려옴

전쟁 대신 평화를 가져온 외교관

고려 말기, 왜구의 침입으로 고려와 일본은 사이가 좋지 않았어요. 이런 관계는 조선 초기까지 이어졌어요. 일본을 오가며 사신으로 활약한 이예는 평화적인 방법으로 이 문제를 해결하려고 노력했어요. 그가 생각해 낸 방법은 두 나라 사이에 상업 교류를 활발하게 하는 것이었어요. 또 이것을 보장할 제도를 만드는 것이었습니다.

이예의 노력 덕분에 왜구는 줄어들었어요. 그 대신 장사 목적으로 조선에 오는 일본 사람들이 늘어났습니다. 이런 평화적인 분위기에 힘입어, 1443년(계해년) 일본과 조선은 '계해약조'라는 외교 협상을 맺었습니다. 그 후 한동안 조선과 일본은 평화로운 관계를 유지할 수 있었답니다.

> 더 많은 조선인들을 데리러, 나는 오늘도 일본에 간다.

한국 역사를 빛낸 훌륭한 외교관

앞에서 살펴본 것처럼 이예는 평생 외교관으로 활약하며, 수많은 조선 포로를 무사히 조국으로 데려왔어요. 그래서 이예는 '한국의 역사를 빛낸 훌륭한 외교관'으로 선정되었어요. 그리고 2015년, 국립 외교원 마당에는 이예의 기념 동상이 세워졌지요.

이예는 일본에서도 좋은 평가를 받고 있어요. 조선 시대에 쓰시마섬을 다스리던 지도자가 이예의 공로를 기념하여 세운 비석도 있어요. 또 2010년엔 어느 일본인 기자가 이예의 외교 활동을 책으로 펴내기도 하였답니다.

이예 동상

역사 **체험 학습**

이예의 발자취

용연 서원

📍 울산광역시 남구 신정동

1737년 울산 사람들은 이예의 업적을 기념하려고 뜻을 모아 용연사라는 사당을 짓고, 해마다 이곳에서 제사를 지냈어요. 요즘에는 용연사가 있던 자리에 용연 서원이 들어섰답니다. 용연 서원 안에는 '충숙공 이예 선생 홍보관'이 있어요. 충숙공은 이예가 죽은 후 나라에서 내린 명예로운 호칭입니다. 이예의 외교 업적을 자세히 볼 수 있고, 조선 시대의 외교관이 어떤 일을 했는지도 공부할 수 있어요.

이예 선생 유허비

📍 울산광역시 중구 태화동

유허비란, 훌륭한 조상의 자취가 있는 곳을 길이 알리거나, 그 조상을 추모하기 위하여 세운 비석을 말해요. 이 유허비는 이예의 업적을 기념하여 세운 비석이에요.

이예의 동상

📍 울산광역시 남구 달동

이예의 동상은 서울의 국립 외교원 외에, 울산시 남구에 있는 달동 문화 공원에도 있어요.

일본에 있는 이예의 공적비

조선 시대에 쓰시마섬을 다스리던 지도자가 이예의 공로를 인정하여 세운 비석입니다.
비석에는 '通信使李藝功績碑(통신사 이예 공적비)'라고 쓰여 있어요.

울·산·위·인 | 03

대한 광복회를 이끈 **독립운동가**

박상진
근현대 | 1884 ~ 1921 | 독립운동가

나는 울산의 대표적인 독립운동가야. 판사 시험에도 합격했지만 독립운동을 위해 포기했지. 그리고 대한 광복회라는 독립운동 조직의 총사령이 됐어.

인물 소개

울산의 유학자 집안에서 태어나 어려서부터 한학 공부를 하였어요. 고향에서 공부를 할 때 의병장 출신인 허위에게 가르침을 받기도 했어요. 1904년 서울에 있는 양정의숙이란 학교에서 법률과 경제학을 공부한 후, 1910년 판사 시험에 합격하였어요. 하지만 판사가 되지 않고 독립 운동을 위해 힘썼어요.

박상진의 이모저모

시대 조선 ⋯▶ 대한 제국 ⋯▶ 일제 강점기

생년월일 1884년 12월 7일에 태어났어요.

태어난 곳 울산에서 태어났어요.

직업 독립운동가

특징 대한 광복회 총사령

받은 훈장 건국 훈장 독립장

우리가 알아야 할 **박상진** 이야기

출세보다 나라의 독립이 중요해!

1910년, 판사 시험 합격자 발표가 있는 날이었어요. 많은 사람이 합격자의 이름을 써 붙인 벽 앞에 모여들었어요.

"아! 내 이름이 없다."

"으~윽! 나도 없어. 그동안 공부한 보람이 하나도 없네."

자기 이름을 발견하지 못한 수험생들은 저마다 탄식을 했어요.

그 사이에서 묵묵히 합격자 명단을 바라보는 청년이 있었어요. 박상진이었습니다. 박상진은 합격자 명단에 자기 이름이 있는 걸 보았어요. 하지만 그는 크게 기쁜 얼굴이 아니었어요. 합격 사실을 확인한 후, 그는 말없이 발걸음을 돌렸습니다.

판사 시험 합격 후 박상진은 평양의 법원에 발령을 받았어요. 평양은 서울 북쪽의 가장 큰 도시였어요. 그런데 그는 판사가 되는 걸 포기하였습니다. 이 소식을 들은 친구가 박상진의 집에 달려왔어요.

"이해할 수 없군. 그동안 공부한 게 아깝지도 않나?"

"판사는 아무리 생각해도 내가 갈 길은 아닌 것 같아."

"이유가 뭐야?"

"우리 조선은 일본의 지배를 받고 있어. 결국 나는 조선의 판사가 아니라, 일본의 판사인 거야. 일본의 눈치를 보면서 살긴 싫어."

"판사가 돼서 억울한 조선 사람을 도우면 되지."
"그런다고 우리나라가 독립이 될 것 같은가?"
친구가 여전히 이해할 수 없다는 얼굴로 물었어요.
"그럼 앞으로 뭐할 건데?"
"독립운동에 참여할 거야."
"일본은 경찰을 동원해 독립운동가를 잡고 있어. 안 무서워?"
"무섭다면 판사 그만둘 생각도 안 했어. 난 각오했어. 조선의 독립을 위해 이 한 몸 바치겠다고."

이때부터 그는 독립운동을 시작했어요. 일본의 감시를 피해 독립운동에 필요한 돈을 모았고, 무기를 들고 일본에 맞서 싸우기도 하였어요. 친일파들을 혼내 주기도 했지요.

박상진은 독립운동을 하면서 판사를 포기한 것을 후회하지 않았어요. 자신이 선택한 인생이 올바른 길이라고 굳게 믿었기 때문이지요.

박상진의 업적 이야기

박상진은 뭘 했을까?

1910년 판사 되는 걸 포기한 박상진은 1911년 만주 지역에 가서 그곳에서 활동하는 독립운동가들을 만났어요. 그중엔 박상진의 스승인 허위의 형, 허겸도 있었답니다.

만주의 독립운동가들은 박상진에게 조선 땅에서 독립운동을 하라고 권했습니다. 조선에 돌아온 박상진은 1912년 대구에 '상덕태 상회'라는 가게를 열었어요. 겉으로는 곡물을 팔았지만, 사실 이 가게는 일본의 감시를 피해 돈을 모으고 독립운동가들 사이의 연락소 역할을 하는 곳이었어요.

박상진이 세운 독립운동 연락소

나라의 원수를 갚고 빼앗긴 국토를 되찾아야 한다.

대한 광복회 총사령

1915년부터 박상진은 직접 무기를 들고 일본과 싸우는 일에도 뛰어들었어요. 그는 대구에서 '조선 국권 회복단'이란 독립운동 단체를 조직했습니다. 얼마 후 이 조직은 경상북도 풍기 지방의 독립운동 조직인 '풍기 광복단'과 통합하여 '대한 광복회'가 되었어요.

박상진은 이 조직의 총사령이 되었습니다. 이때부터 대한 광복회는 조선에 있는 독립운동 단체 중 가장 활발하게 독립운동을 벌이는 단체가 되었어요. 대한 광복회 회원들은 돈을 모아 만주의 독립운동가들에게 보내고, 조선 땅에서 일본에 맞서 싸우고, 친일파를 혼내는 일을 하였답니다.

나라를 위해 목숨을 바친 박상진

일본은 눈에 불을 켜고 대한 광복회 소속 독립운동가를 잡으려고 했습니다. 일본의 감시를 피해 독립운동을 잘해 오던 박상진에게 불행한 일이 생겼어요. 1918년 일본의 끄나풀이 된 어느 조선 사람이 일본 경찰에 밀고★를 한 것입니다. 이 밀고로 박상진 등 대한 광복회 사람들이 여럿 체포되었어요.

박상진은 감옥에서도 일본에 굴복하지 않았어요. 그는 1921년 사형 선고를 받고 순국하였답니다. 순국(殉 따라 죽을 순 國 나라 국)이란 나라를 위하여 목숨을 바치는 것을 말해요.

그의 굳은 마음은 1921년 사형을 당할 때까지 변하지 않았어요. 이러한 삶을 살았기에 박상진은 오늘날에도 대한민국 국민들의 존경을 받아요. 독립운동가로 역사에 길이 빛나는 존재가 되었지요.

★ 밀고 몰래 남에게 일러바침

박상진과 함께 보기

박상진의 스승이자, 독립운동가였던 허위

허위 (1855~1908) 독립운동가

나는 1855년에 경상북도 구미에서 태어났단다. 나는 한학 공부를 많이 하여 학생들을 가르치기도 하였어. 박상진은 나의 제자 중 한 명이었지.

나는 박상진을 가르치면서, 조선 백성이 꿋꿋하게 일본에 맞서 싸워야 조선의 독립을 앞당길 수 있다는 걸 강조하였어. 박상진이 훗날 독립운동에 뛰어든 데는 나에게 배운 영향도 있었을 거야.

내가 조선을 구하려는 의병 운동에 처음 참여한 것은 1896년이었단다. 독립운동을 하다가 일본 헌병에게 체포되기도 하였지. 그리고 1907년 일본이 고종을 강제로 황제 자리에서 끌어내린 것에 분노하여 다시 의병을 조직하여 독립운동을 벌였어. 이때 나는 전국 의병 연합 부대를 지휘하여 서울 근처까지 공격 작전을 벌이기도 했어. 안타깝게도 이 전투는 패배하고 말았단다. 그래도 나는 꾸준히 독립운동을 해 나갔어.

역사 **체험 학습**

박상진의 발자취

박상진 의사 생가

- 울산광역시 북구 송정동
- 울산광역시 문화재자료 제5호

박상진이 태어난 집이에요. 박상진 의사 생가 안에는 박상진이 참여하였던 독립운동을 한눈에 살펴볼 수 있는 전시관도 있습니다. 또 마당엔 박상진의 동상이 있어요.

박상진 의사 동상

- 울산광역시 중구 북정동

중구에 있는 북정 공원에도 박상진 의사의 동상이 있어요. 동상 옆에는 추모비도 있습니다.

TIP 박상진 호수 공원

울산에는 박상진 호수 공원이라는 곳도 있어요. 원래 이름은 송정 저수지였는데, 박상진의 독립운동을 길이 기념한다는 뜻에서 박상진 호수 공원으로 이름이 바뀌었어요. 이것만 봐도 울산 시민들이 박상진 의사를 얼마나 자랑스러워하는지 알 수 있지요? 이곳은 울산 북구 송정동에 있답니다.

울·산·위·인 | 04

'한글이 목숨'이라고 생각한 **국어학자**

최현배

근현대 | 1894 ~ 1970 | 국어학자, 교육자

나는 울산에서 태어나 초등학교를 마친 후, 서울에서 공부하였단다. 고등학교 시절에 한글의 소중함을 깨달은 후, 평생 한글을 연구하고 알리는 운동을 했지.

인물 소개

1894년 10월 19일 울산에서 태어났어요. 고등학생 때 최현배는 국어학자였던 주시경의 조선어 강습원에서 한글을 배웠어요. 일본에 유학을 다녀온 최현배는 대학교수가 되었어요. 그리고 평생 우리말과 관련된 연구를 하고 우리말에 관련된 책을 펴냈어요.

최현배의 이모저모

시대
조선 …
대한 제국 …
일제 강점기 …
대한민국

생년월일
1894년 10월 19일에 태어났어요.

태어난 곳
울산에서 태어났어요.

명언
한글이 목숨이다.

직업
국어학자, 교육자

쓴 책
《우리말본》

우리가 알아야 할 **최현배** 이야기

내가 한글 문법을 정리해 보겠어!

"너 조선어 강습원 아니?"

1910년 어느 날, 친구가 최현배에게 말했습니다. 이때 최현배는 열일곱 살로, 서울에서 고등학교에 다니고 있었어요. 최현배가 말했습니다.

"처음 들어. 뭐하는 곳인데?"

"보성 중학교에 계신 주시경 선생님이 일요일마다 학생들을 모아 수업하는 곳이야. 조선어에 대한 강의를 한대."

"그래? 나도 가 봐야겠다."

최현배는 일요일에 보성 중학교에 갔습니다. 이미 많은 학생들이 교실에 앉아 수업이 시작되기를 기다리고 있었어요.

잠시 후 젊은 선생이 교실에 들어왔습니다. 그는 국어학자인 주시경이었어요. 그가 말을 하였어요.

"조선의 학생 여러분! 한 나라가 이루어지려면 여러 가지 조건이 필요합니다. 먼저 땅이 있어야 합니다. 또 그 땅에 사는 사람, 즉 국민이 있어야 합니다. 그렇죠?"

"예~!"

"그런데 이게 전부가 아닙니다. 제대로 된 나라가 되려면 또 필요한 게 있어요. 무엇일까요?"

잠시 후 한 학생이 번쩍 손을 들고 말했어요. 최현배였어요.

"그 나라의 말이 있어야 합니다."

주시경이 환하게 웃으며 말했어요.

"맞아요. 그 나라의 말이 있어야 합니다. 이제 여러분은 나와 함께 우리 조선의 말을 제대로 배우는 수업을 하게 될 거예요."

이 말을 듣는 순간 최현배는 가슴이 뛰었어요.

울산 출신인 최현배는 어릴 때 서당에서 잠시 공부하였는데 이때는 한자 공부를 했어요. 서울에 올라와 학교를 다니면서도 제대로 한글 공부를 못했습니다. 그런 최현배에게 주시경의 말은 마른땅에 떨어지는 빗방울처럼 반가운 것이었어요.

이때부터 최현배는 일요일을 손꼽아 기다렸어요. 조선어 강습원에서 조선의 글인 한글을 마음껏 공부하는 날이었기 때문입니다.
　주시경이라는 스승을 만난 후 최현배는 한글에 대해 깊이 있는 공부를 할 수 있게 되었어요. 주시경도 열심히 한글을 공부하는 최현배를 아꼈답니다. 그런데 1914년 주시경은 갑자기 죽고 말았어요.
　"흑흑……. 선생님, 이렇게 돌아가시다니요."
　"아, 어떻게 이런 일이……."
　최현배를 비롯해 주시경에게 배우던 제자들은 몹시 슬펐지요. 하지만 계속 슬픔에 잠겨 있지만은 않았어요. 주시경이 죽은 후 제자들은 이런 다짐을 하였어요.
　"스승님이 못다 이룬 한글 연구를 우리가 계속해 나가자."
　"그래, 좋은 생각이야."

"맞아. 스승님도 우리가 그렇게 하길 바라실 거야."

"우리가 한글에 대한 문법을 만들어 보자!"

"좋아, 그리고 한글 사전도 만들자."

제자들은 계속 한글을 공부하고 연구하며 우리말과 우리글 지키기를 실천해 나갔어요.

최현배는 누구보다 이 다짐을 잘 지켰어요. 고등학교를 졸업한 최현배는 일본 유학을 떠났습니다. 그는 일본의 대학에서 교육학을 공부하였고, 한국에 돌아와선 대학교의 교수가 되었어요.

학생들을 가르치면서도 최현배는 시간이 날 때마다 한글 연구를 하였답니다. 이것은 쉽지 않은 일이었어요. 당시 조선을 강제로 지배하고 있던 일본이 한글 연구를 좋게 볼 리 없었으니까요.

일본의 방해와 괴롭힘에도 최현배는 굴하지 않고 꾸준히 한글 연구를 했어요. 꼭 필요한 일이라고 생각했기 때문이에요.

최현배의 변함없는 한글 연구는 1937년 아름다운 결실을 맺었어요. 한글 문법책인 《우리말본》을 쓴 것입니다. 올바른 한글 문법을 정리한 이 책 덕분에, 조선의 학생들은 좀 더 쉽게 한글을 공부할 수 있게 되었어요. 또 더욱 많은 사람들이 한글을 알고, 사용하게 되었답니다.

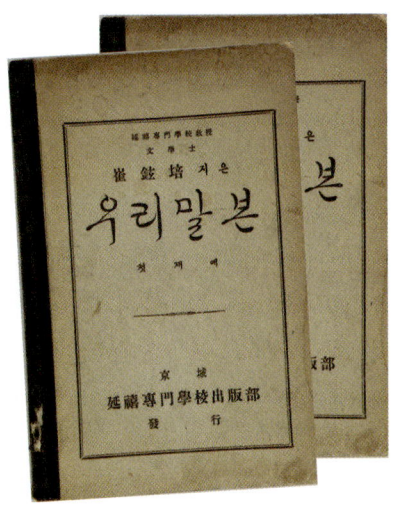

최현배의 업적 이야기

최현배는 뭘 했을까?

탄압에 맞서 꿋꿋하게 한 한글 운동

일본은 1910년 조선을 식민지로 만든 후 조선 사람들에게 일본어를 배우도록 했어요. 일본어를 가르쳐 조선 사람을 일본에 복종하게 만들려는 목적이었습니다. 그런 일본에게 한글을 널리 보급하는 한글 운동은 눈엣가시 같은 것이었답니다. 주시경은 1908년 국어 연구 학회라는 한글 연구 모임을 만들었어요. 이 모임은 1921년 조선어 연구회라는 모임으로 발전하였고, 1931년에 조선어 학회로 이름이 바뀌었어요. 최현배는 조선어 학회를 이끄는 데 핵심적인 역할을 하였답니다. 조선어 학회는 한글에 대한 발표회, 강연회를 통해 한글 보급 운동을 열심히 했어요. 또 국어학자를 기르는 일도 하였답니다.

조선어 학회 발표회

조선어 학회 사건으로 체포됨

최현배는 일본의 탄압으로 시련을 당하기도 했어요. 대표적인 것이 일본이 꾸며 낸 '조선어 학회 사건'입니다. 1938년 일본은 모든 학교에서 조선어 과목을 폐지하고 일본어를 국어 과목으로 정했어요.

그런데 조선어 학회가 한글 보급 운동을 계속하자 1942년부터 조선어 학회 회원들을 체포하기 시작했어요. 일본은 고문까지 하면서 국어학자들의 생각을 바꾸려고 했어요. 그러나 최현배 등의 학자들은 일본의 탄압에 굴복하지 않았습니다.

평생 한글 운동에 헌신함

한글 운동에서 최현배는 큰 발자취를 남겼답니다. 대표적인 업적에는 한글 사전 만들기, 한글 맞춤법 만들기, 표준말 정하기 등이 있습니다. 또 최현배는 한글에 관한 많은 책을 썼어요. 《글자의 혁명》, 《한글의 투쟁》, 《한글 가로글씨 독본》 등의 책을 쓴 것입니다.

그는 외래어 사용하지 않기 운동도 하였어요. 사람들이 생활 속에서 무심결에 사용하는 일본어 등 외래어 사용을 하지 말자는 운동이었답니다.

훌륭한 교육자

최현배는 훌륭한 교육자이기도 했어요. 그는 보다 나은 대한민국의 미래를 위해 《나라 사랑의 길》, 《나라 건지는 교육》 같은 책을 썼습니다.

1970년 최현배가 죽은 후, 그의 후배 학자들은 최현배의 뜻을 이어받아 활발하게 활동하였어요. 최현배가 이끈 조선어 학회는 1949년 한글 학회로 이름이 바뀌었는데, 이 단체는 지금도 우리말과 글을 발전시키기 위해 노력하고 있습니다.

또 최현배를 존경하는 사람들은 최현배가 죽은 후 그의 호*를 따서 '외솔회'라는 모임을 만들었어요. 외솔회는 해마다 한글 운동에 헌신한 사람에게 외솔상을 시상하고 있답니다.

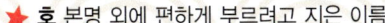
★ **호** 본명 외에 편하게 부르려고 지은 이름

최현배와 함께 보기

한글 연구와 한글 교육의 개척자
주시경

주시경 (1876~1914) 국어학자

나는 1876년에 태어났어. 내가 한글 연구에 관심을 가지게 된 것은 어렸을 때 한학을 배우면서야. 한학을 공부하려면 한자를 많이 알아야 했어. 그런데 나는 우리나라 문자인 한글이 있는데, 중국에서 건너온 한자를 공부하는 건 바람직하지 않다고 생각했어. 그래서 한글 연구를 결심하게 되었지.

내가 처음 한 한글 운동은 한글로 된 신문을 만드는 것이었어. 사람들이 한글 신문을 읽다 보면 자연히 한글을 익힐 수 있을 거라고 생각했거든. 그래서 1896년 서재필이라는 독립운동가가 한글 신문인 〈독립신문〉을 만드는 일에 참여했단다.

일제 강점기 때 나는 한글 교육도 열심히 하였단다. 일요일도 쉬지 않고 서울 시내에 있는 학교를 돌아다니며 학생들에게 한글을 가르쳤어. 최현배도 그때 내가 가르친 제자야.

★ 주시경은 과로로 서른여덟 살의 젊은 나이에 세상을 떠났어요. 사람들은 그를 우리나라 한글 연구와 한글 교육의 개척자라고 평가하고 있어요.

울산의 '외솔 한글 한마당'

국어학자 최현배를 배출한 울산에서는 해마다 한글날의 의미와 최현배의 업적을 기념하는 '외솔 한글 한마당' 행사가 열리고 있어요. 외솔은 최현배의 '호'랍니다.

울산시 중구가 개최하는 이 행사에서는 한글을 주제로 한 체험 학습을 할 수 있고, 전시 및 공연 프로그램을 구경할 수 있어요. 한글 관련 만들기 체험, 한글 사랑 합창제, 한글을 주제로 한 인형극 공연 등이지요. 또 2024년 행사에서는 최현배의 한글 사랑 인생을 다룬 연극 '한글이 목숨이다'가 공연되었답니다.

TIP 한글날은 어떻게 생겼나요?

한글날의 기원은 1926년 조선어 연구회가 매년 음력 9월 29일을 '가갸날'로 정해 행사를 거행한 것입니다. 가갸날은 1928년에 '한글날'로 이름이 바뀌었고, 1932년에는 양력 10월 29일이 되었답니다.
그런데 1940년에 발견된 《훈민정음》 원본에 한글이 탄생한 날짜가 있어, 1945년부터는 한글날을 10월 9일로 정하였어요. 또 2005년부터 한글날은 국경일이 되었답니다.

역사 **체험 학습**

최현배의 발자취

외솔 최현배 선생 기념관

📍 울산시 중구 동동
☎ 052)290-4828

한글을 사랑한 최현배의 뜻을 기념하는 곳이에요. 최현배의 호인 외솔은 '한 그루의 소나무'라는 뜻입니다. 소나무는 예로부터 선비들이 좋아했던 나무입니다. 최현배가 이 호를 쓴 것도, 소나무처럼 고고하고 푸르른 사람이 되겠다는 뜻을 담은 것 같아요.

전시관에서는 《나라 사랑의 길》, 《우리말 큰사전》 등 최현배가 쓴 많은 책을 구경할 수 있어요. 또 최현배가 사용했던 노트, 타자기, 직접 쓴 원고도 구경할 수 있답니다. 전시관 벽에는 최현배의 생애와 업적을 보여 주는 글과 사진이 붙어 있어요.

또 밀랍 인형으로 제작한 최현배의 조각도 구경할 수 있어요. 방에서 책을 보는 모습, 감옥살이를 하는 모습을 재현한 것입니다. 그리고 전시관에 있는 영상실에서는 한글에 관한 방송도 볼 수 있고, 체험실에서는 한글을 주제로 한 다양한 놀이를 할 수 있답니다.

우리말 사랑이 곧 나라 사랑이야!

최현배의 동상

'외솔 최현배 선생 기념관' 마당에 있어요.
또 기념관 입구에는 최현배가 감옥살이를 할 때 쓴 〈임 생각〉이란 시도 전시되어 있습니다.

외솔 최현배 선생 생가

기념관 옆에는 최현배가 1894년 태어나 1910년 서울의 고등학교로 진학하기 전까지 실제로 살았던 생가를 복원한 집이 있어요. 아궁이와 가마솥, 장독대 등 옛날 집의 모습을 잘 재현하고 있어요.

외솔 탐방길

생가에서 약 500미터 떨어진 곳에는 병영 초등학교가 있습니다. 이 학교는 최현배가 어릴 적에 다녔던 일신 학교가 나중에 초등학교로 바뀐 것입니다.
병영 초등학교 옆 경로당 담벼락은 외솔 탐방길 구간이에요. 국어학자인 최현배를 기리기 위해 한글을 주제로 꾸며졌어요.

울·산·위·인 | 05

한국 문학에 큰 발자취를 남긴 **소설가**

오영수

근현대 | 1909~1979 | 소설가

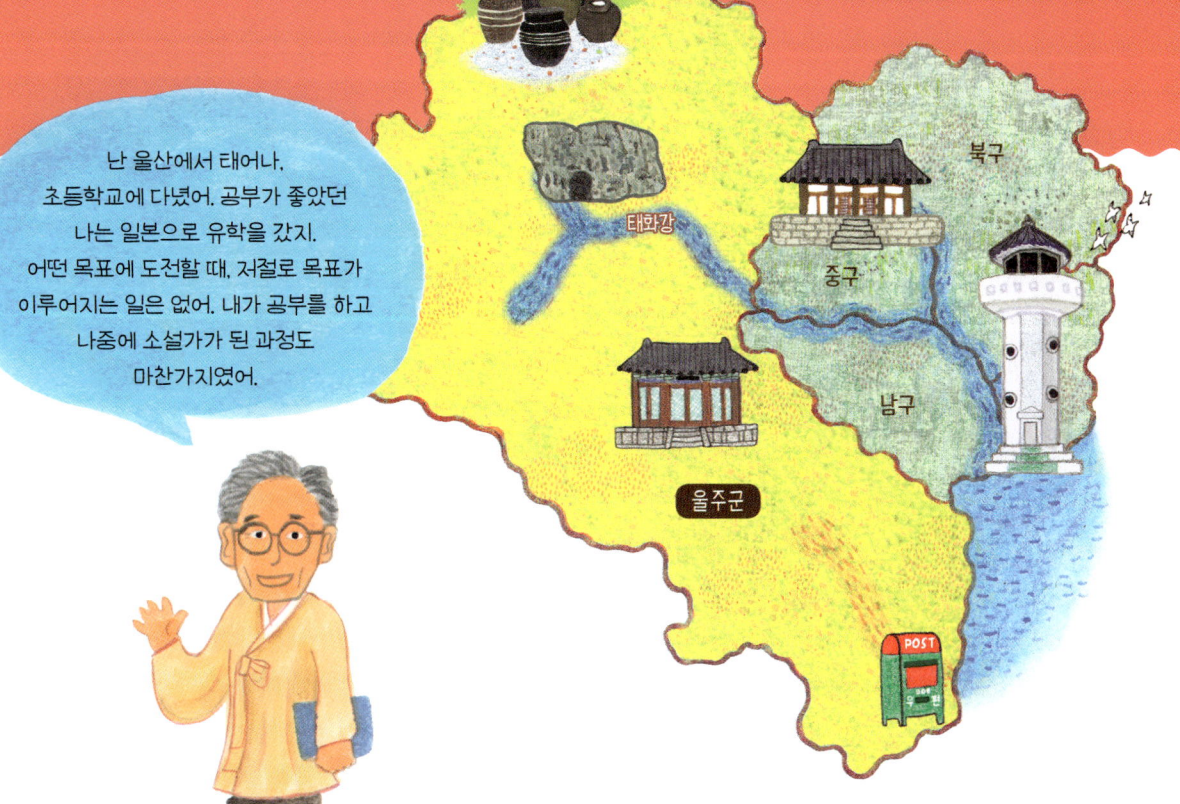

난 울산에서 태어나, 초등학교에 다녔어. 공부가 좋았던 나는 일본으로 유학을 갔지. 어떤 목표에 도전할 때, 저절로 목표가 이루어지는 일은 없어. 내가 공부를 하고 나중에 소설가가 된 과정도 마찬가지였어.

인물 소개

가난한 집안에서 태어난 탓에 늦은 나이에 초등학교에 입학했어요. 공부에 대한 꿈을 잃지 않은 그는 스물한 살 때 혼자 일본으로 건너가 학교를 다녔어요. 학생 시절에 가난과 건강 때문에 고생을 많이 했어요. 하지만 공부의 꿈, 작가의 꿈을 끝내 포기하지 않았어요.

오영수의 이모저모

- 시대: 대한 제국 ⋯ 일제 강점기 ⋯ 대한민국
- 생년월일: 1909년 2월 11일에 태어났어요.
- 태어난 곳: 울산에서 태어났어요.
- 취미: 공부
- 직업: 소설가
- 대표작: 〈갯마을〉, 〈메아리〉

 우리가 알아야 할 **오영수** 이야기

포기하지 않고 내 꿈을 향하여!

울주군에서 태어난 오영수는 어려서 서당에서 잠시 공부했어요. 서당에선 《천자문》으로 한자를 익힌 후, 《논어》 같은 유학책을 읽으며 공부했어요.

그런데 세상은 변하고 있었어요. 서양에서 전해진 수학, 과학 같은 과목도 배워야 하는 시대가 된 것입니다. 당시 조선 사람들은 서양에서 전해진 이런 학문을 '새 학문'이라고 했어요.

오영수는 다른 아이들보다 늦은 나이에 새 학문을 처음 배웠어요. 집이 가난해서 열일곱 살 때에야 초등학교에 들어간 거지요. 늦은 입학이 부끄럽진 않았습니다. '공부에 나이가 어디 있을까.' 하고 생각하며 열심히 공부했답니다. 초등학교를 졸업한 그는 일본 유학을 결심하였어요.

1931년, 오영수는 일본에 도착했습니다. 일본에 오긴 했지만, 앞날을 생각하면 막막하였어요. 당장 먹고살 걱정부터 할 만큼 돈이 없었기 때문입니다. 오영수는 자신에게 용기를 주듯이 결심하였어요.

'나는 가난하다. 그러나 아직 젊다. 일본 생활이 고생스럽겠지만 포기하지 않을 거야.'

예상했던 대로 일본 생활은 무척 힘들었어요. 스스로 벌어서 학비를 마련해야 하는 것이 힘들었고, 외로운 유학 생활을 견뎌야 하는 것도 힘들었지요. 더구나 당시 조선은 일본의 식민지였기 때문에 일본인 중에는 조선인을 깔보거나 차별하는 사람도 많았어요.

오영수는 공부에 대한 열정이 많은 청년이었기 때문에 이 모든 어려움을 이겨 냈습니다. 일을 하면서 학비를 마련하고, 시간이 날 때마다 책을 파고들었어요.

그런데 곧 시련이 닥쳤어요. 제대로 먹지 못해서 병에 걸리고 만 겁니다. 오영수는 눈물을 머금고 공부를 중단한 채 울산으로 돌아왔지요. 그는 울산에 머물며 아픈 몸을 치료했지요.

그래도 오영수는 공부를 포기하지 않았어요. 그는 1937년 다시 일본으로 건너갔어요. 그리고 도쿄에 있는 국민 예술원에 입학하였어요.

국민 예술원에서 공부하며 오영수는 문학에도 눈을 떴답니다. 시간이 날 때면 문학 작품을 읽었습니다.

마침내 학교를 졸업한 오영수는 자랑스러운 마음으로 고향 울산으로 돌아왔습니다. 울산으로 돌아오는 배 위에서 오영수는 새로운 꿈을 꾸고 있었답니다.

'내가 배운 것을 다른 사람에게 돌려주어야지. 그리고 소설가가 되어 소설을 쓸 거야.'

그로부터 약 10년 후, 오영수는 소설가라는 꿈을 이뤄요. 꾸준히 글을 쓴 오영수는 한국 문학 역사에 길이 남을 작품들을 여럿 써냈답니다.

오영수의 업적 이야기

오영수는 뭘 했을까?

일본에서 공부를 마치고 울산에 돌아온 오영수는 '청년 회관'을 열고 마을 젊은이들에게 역사, 한글을 가르쳤어요. 가난 때문에 공부를 못하는 청년들에게 자기가 배운 것을 돌려주려고 시작한 일입니다. 이 무렵 일본은 한글 말살* 정책을 추진하였기 때문에, 오영수는 일본 경찰의 감시를 받는 처지가 되었어요. 결국 청년 회관은 일본에 의해 강제적으로 문을 닫고 말았습니다.

1945년 조선은 마침내 일본의 지배로부터 벗어났어요. 해방이 된 후에도 오영수는 교육자로서 학생들을 가르쳤어요. 울산에서 부산으로 이사한 후엔 고등학교 교사가 되어 학생들을 가르쳤지요.

> 배움을 나누는 교육자

★ **말살** 어떤 것을 아주 없앰

> 사람들의 마음을 위로하는 소설

학생들을 가르치면서 오영수는 시간이 날 때마다 소설을 썼어요. 그러던 1950년에 6·25 전쟁이 터졌어요. 전쟁으로 수많은 사람이 죽었습니다. 전쟁의 잔인함을 보며, 오영수는 문학을 통해 사람들의 아픔을 위로하고 싶었어요. 그래서 인간의 존엄성, 자연의 소중함과 아름다움 같은 것을 주제로 사람들의 마음을 위로하는 작품을 썼어요. 그리고 1953년 오영수는 한국 문학 역사에 길이 남을 명작 소설을 발표하였답니다. 〈갯마을〉이란 작품이었어요. 그는 꾸준하게 소설 작품을 쓰면서, 11년간 《현대 문학》이란 문학 잡지를 만드는 일도 하였어요. 이 잡지는 한국의 문학 발전에 큰 역할을 하였답니다.

역사 체험 학습

오영수의 발자취

오영수 문학관

📍 울산광역시 울주군 언양읍   ☎ 052)980-2250

오영수 문학관 안에는 다양한 전시물이 있답니다. 오영수가 쓴 글, 작품을 모은 책, 서예 작품 등이 전시되어 있습니다. 또 오영수가 작가로 활동하던 때의 사진도 구경할 수 있어요.

TIP 오영수 문학관 근처에 있는 울산의 문화재들

오영수 문학관 근처엔 울산의 역사를 살필 수 있는 소중한 유적지가 2개 있어요.
하나는 청동기 시대에 돌로 만든 무덤인 지석묘(고인돌)입니다. 이 지석묘를 마을 사람들은 '용바우'라고 부른대요.
또 언양읍에는 울산 지역에서 최초로 세워진 언양 성당이 있어요. 경상남도에서 천주교가 퍼져 나가는 데 큰 역할을 한 이 성당은 현재 우리나라 등록문화재 제103호입니다.

위인 따라 울산 체험 학습

울산 위인들의 발자취를 한눈에 살펴보아요.
앞에서 소개한 장소 중 대표적인 곳을 가려 뽑았답니다.

- 울주군

❶ 박제상 유적지
❷ 오영수 문학관

- 중구

❸ 이예 선생 유허비
❹ 외솔 최현배 선생 기념관

- 남구

❺ 용연 서원

- 북구

❻ 박상진 의사 생가

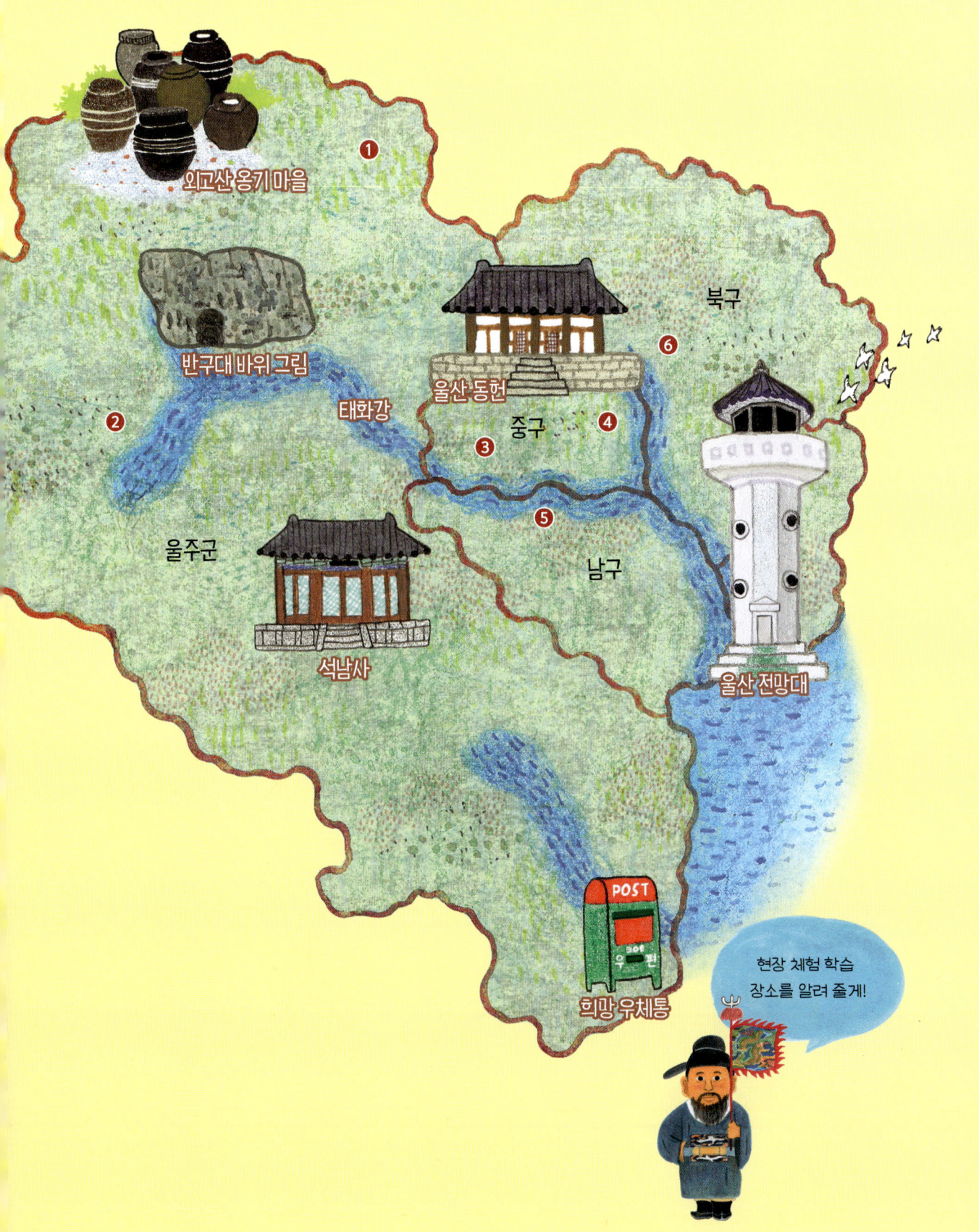

 더 알아보는 **위인**

우리도 울산 위인이야!

덕기 (1860~1933) - 독립운동을 지원한 승려
시대 조선 … 대한 제국 … 일제 강점기

덕기는 울산에서 태어나 어릴 때 서당에서 공부했어요. 열여덟 살에 오늘날의 부산에 있는 범어사에 들어가 승려가 되었어요. 10년을 넘게 불도를 닦던 그는 범어사의 주지 스님이 되었어요. 그러다 자신이 마음공부를 게을리한다고 생각해 양산의 내원사를 거쳐 금강산 등 여러 산을 다니며 3년 동안 도를 닦는 데 힘썼어요. 1919년, 덕기는 대한민국 임시 정부가 경제적 어려움을 겪고 있다는 소식을 듣게 됐습니다. 그 소식에 덕기는 다른 승려들과 의논하여, 절의 돈 일부를 임시 정부에 보냈어요. 그는 1933년 병을 얻어 세상을 떠났습니다.

서덕출 (1906~1940) - 어린이들을 위해 글을 쓴 아동 문학가
시대 대한 제국 … 일제 강점기

울산에서 태어난 아동 문학가예요. 서덕출은 다섯 살 때 대청마루에서 떨어져 다치는 바람에 다리를 쓰지 못하게 되었어요. 장애 때문에 어릴 때 학교 교육을 제대로 받을 수 없었습니다. 그 대신에 어머니에게 한글을 배워 동요를 짓기 시작했어요.

그는 1925년, 잡지 《어린이》에 〈봄편지〉라는 동요를 발표했어요. 서덕출의 〈봄편지〉는 예술성이 있는 어린이들의 노래이자 시로서 큰 의미가 있었어요. 그 시절에는 어린이를 위한 노래가 거의 없었거든요. 서덕출은 방정환, 윤석중 같은 아동 문학가들과도 알고 지내면서 꾸준히 동요를 발표했어요. 《어린이》 잡지에서 70여 편의 작품을 발표했지요.

서덕출이 1940년 세상을 떠난 후, 남은 가족들이 1949년에 동요집 《봄편지》를 펴냈어요. 그의 작품 중 35편을 모아 낸 것이랍니다. 1968년 울산 학성 공원에는 '봄편지 노래비'가 세워졌어요. 또 서덕출을 기리기 위해 울산시 중구 문화원에서는 매년 '서덕출 봄편지 노래비 글쓰기 및 그리기 대회'를 열고 있습니다. 또 중구에는 서덕출 공원과 전시관도 있답니다.

장희춘 (1556~1618) - 임진왜란 의병

시대 조선

1556년 오늘날의 울산에서 태어났어요. 학자였으나, 1592년에 임진왜란이 일어나자 의병을 일으켰어요. 그리고 울산의 개운포, 경주의 선도산, 영천의 창암 등에서 전투를 하여 이겼답니다. 그 결과 울산과 경주 지역을 일본군으로부터 방어하는 데 큰 공을 세웠지요. 1597년 일본에서 다시 쳐들어와 정유재란이 일어났어요. 장희춘은 이때 경상남도 창원에 있는 화왕산성에서 곽재우와 함께 적의 공격을 막아 냈답니다.

천재동 (1915~2007) - 울산 출신의 탈 전문가

시대 일제 강점기 ⋯▶ 대한민국

오늘날의 울산 동구 방어동에서 태어났어요. 천재동은 우리나라 근현대사 속의 예술인이에요. 남목 보통학교를 졸업하고 일본으로 건너가 학교에 다녔어요. 어린 시절에 울산과 일본을 오가면서 다양한 문화를 접하였지요.

천재동은 일본에서 미술과 연극을 공부했어요. 그는 미술과 연극에서 모두 재능을 보였어요. 1971년에는 한국 최초의 창작 탈 전시회를 열었답니다. 천재동은 '탈 전문가'로 잘 알려져 있어요. 그는 국가 무형문화재 제18호로 지정된 동래 야유 탈을 만들었습니다. 그 외에도 우리나라의 여러 전통문화를 이어 가고 발전시키는 데 평생을 바쳤답니다.

대구·울산 위인 찾기

대구

인물	쪽
김초향	76
서거정	20
서상돈	38
서침	27
신숭겸	10
이상정	53
이상화	48
이서	30
이육사	76
이인	77
이인성	56
전태일	64
조영래	77
현진건	53

울산

인물	쪽
덕기	126
박상진	98
박제상	80
서덕출	126
오영수	118
이예	90
장희춘	127
천재동	127
최현배	106

사진 출처

대한민국역사박물관_ 111p / 우리말본

국립현대미술관_ 62p / 〈계산동 성당〉

대구광역시 북구청_ 63p, 74p / 이인성 사과나무 거리 74p / 이인성 사과나무 거리에서 벽화를 바라보는 아이들

문화재청_ 26p / 건들바위(대구 입암) 35p, 74p / 이공제비각 35p, 74p / 경상 감영 공원 88p, 124p / 박제상 유적지 망부석 123p / 언양 지석묘(용바우), 언양 성당

연합뉴스_ 19p, 74p / 신숭겸 장군 유적(표충사) 19p / 팔공산 26p / 측백나무 숲 28p, 74p / 동화사 29p, 74p / 침산 공원 29p / 달성 공원, 사가정 공원 46p / 서상돈 흉상 46p, 74p / 국채 보상 운동 기념 공원 47p, 74p / 서상돈 고택 47p / 국채 보상 운동 기념비, 국채 보상 운동 여성 기념비 54p, 74p / 이상화 시비, 이상화 고택 55p, 74p / 수성못 55p / 대구 근대 골목 63p / 〈가을 어느 날〉 전시 모습 72p / 전태일 다리 모습, 전태일 다리 위 조형물 73p / 전태일 동상, 전태일 동상 옆 동판, 전태일 39주기 기념 행사 모습 88p, 124p / 박제상 유적지 전경, 박제상 유적지 추모비 89p / 치산 서원, 일본의 '신라 국사 박제상 공 순국비' 105p, 124p / 박상진 의사 생가 105p / 박상진 의사 동상 115p / 한글날 행사 모습 116p, 124p / 외솔 최현배 선생 기념관 117p, 124p / 최현배의 동상, 외솔 최현배 선생 생가 117p / 외솔 탐방길 123p, 124p / 오영수 문학관

위키피디아_ 28p / 금호강(Kimhs5400(블루시티))

충숙공이예선생기념사업회_ 96p, 124p / 용연 서원, 이예 선생 유허비 97p / 이예의 동상, 통신사 이예 공적비

지학사아르볼은 이 책에 실린 사진들의 출처를 찾기 위해 최선을 다했습니다.
혹시 잘못된 정보가 있다면 연락 주십시오. 다음 쇄를 찍을 때 꼭 수정하겠습니다.